BLUE ISLAND PUBLIC LIBRARY

3 1237 00255 9426

JUV
SPAN
743.8
FED

#2200

MAY 2 2 2007

D0870756

Fedhar

CÓMO DIBUJAR DINOSAURIOS

Y OTROS PERSONAJES FABULOSOS DE LA PREHISTORIA

DA

FEDHAR

BLUE ISLAND PUBLIC LIBRARY
BLUE ISLAND, ILLINOIS

DEDICO ESTE LIBRO

A mi familia y a los jóvenes dibujantes que, con un lápiz en la mano, comienzan a hacer visibles sus sueños.

Agradezco a mis amigos y colaboradores cercanos, que constantemente aportan opiniones y me ayudan a que cada libro sea mejor.

Estimado lector, no dejes de visitar la página web de Fedhar, donde encontrarás información de sus libros, una galería de arte y archivos de información en la siguiente dirección:

www.fedhar.com.ar

Además, puedes ponerte en contacto con Fedhar para expresar tus opiniones, inquietudes o dudas sobre el contenido de los libros. Y también puedes enviar por e-mail tus dibujos –escaneados en baja resolución– basados en los ejercicios de los libros de la colección "Cómo dibujar" a la siguiente dirección de correo electrónico:

fedhar@yahoo.com

INTRODUCCIÓN
QUERIDO AMIGO DIBUJANTE

¡Bienvenido al fabuloso mundo de los dinosaurios! ¿Quién no ha soñado alguna vez con estar frente a uno de estos increíbles gigantes del pasado? Los dinosaurios siempre han despertado curiosidad. En aquellos enigmáticos y remotos tiempos, estos reptiles vivían entre volcanes furiosos y junglas espesas, y morían presa unos de otros, o a causa de grandes desastres naturales. Ya que verlos no es posible, por el momento, nos concentraremos en aprender a dibujar algunos de los más conocidos.

Con algo de dragones, ¡los dinosaurios pueden protagonizar impresionantes fantasías y escenas que nos dejarán sin aliento!

En mi anterior libro, titulado **Cómo dibujar Personajes Mágicos**, tienes una completa guía para estudiantes de dibujo, que seguramente te será muy útil revisar, ya que, cambiando el tema y los personajes —dinosaurios en este caso—, la técnica es en esencia la misma.

En esta ocasión, nos acompañará el profesor Andersen, un experto en temas prehistóricos. El profe, cuando no está ocupado en su museo analizando huesos y restos de animales —entre polvorientos volúmenes científicos, dibujos y anotaciones—, se dedica a viajar por selvas remotas y lugares exóticos para realizar fascinantes descubrimientos. ¡Vaya vida!

Él nos dará muchos detalles interesantes en las secciones tituladas DinoMisterios, donde conoceremos datos que nos sorprenderán. Además, en estas fantásticas secciones —ubicadas a lo largo del libro—, he incluido, con permiso del profe, una buena cantidad de material documental con el objetivo de estimular la tarea de dibujar.

La información bibliográfica que incorporamos en este libro es una invitación a hacer volar la imaginación con temas y preguntas que escapan a los límites de las teorías actualmente aceptadas sobre la evolución de los dinosaurios. Estos datos buscan incentivar, por un lado, la investigación por parte de los lectores y, por otro, la labor creadora y artística con la reproducción de escenas imaginarias. Con todo ello, podrás bucear y llegar hasta el fondo de estos increíbles enigmas.

Mi deseo es ayudarte a desarrollar la constancia y un creciente interés en ilustrar los temas que te apasionan. Según mi propia experiencia como profesional del dibujo, es muy importante estar actualizado, ya que el arte y la ciencia siempre ofrecen nuevas propuestas al enfrentarse a interrogantes y desafíos inéditos.

En las primeras páginas, encontrarás técnicas de dibujo que te ayudarán a aflojar la mano y soltar el trazo (capítulo 1). Verás que te resultarán sumamente útiles. Luego, comenzaremos con algunos ejercicios de dibujo a partir de formas geométricas y la construcción de cabezas de dinosaurios para aprender, poco a poco, a ilustrar su curiosa anatomía (capítulos 2 y 4), y entonces sí lanzarnos a la imagen completa en el capítulo 5, dedicado al esqueleto.

El estilo de dibujo de muchos de los modelos de dinosaurios y personajes que he elegido para este libro es de una línea moderna y estilizada, que te permitirá comprender las líneas de fuerza de la estructura corporal del modelo. Sobre la base de los esquemas estilizados, podrás desarrollar un dibujo más realista, si es lo que quieres.

También, aprenderemos a dibujar los dinosaurios de América Antigua a partir de ejercicios basados en figuras pintadas sobre antiquísimas piedras descubiertas en el Perú y estatuillas encontradas en México. Para ello, he reunido una valiosa documentación artística del pasado de América, con modelos plásticos de dinosaurios que fueron pintados sobre piedras, concebidos en un pasado remoto. Estas piedras fueron descubiertas en un desierto del Perú a fines de 1900, y miles de figuras, que fueron modeladas en arcilla, se encuentran hoy en el Museo de Acambaro, en México (consulta la sección DinoMisterios de la página 22).

No olvidemos que, en el arte antiguo (griego, celta y medieval, entre otros), se desarrollaron líneas muy estilizadas en las representaciones figurativas. La estilización y la correcta lectura de las líneas principales y las formas que se destacan, sirven de gran entrenamiento a todo joven artista.

Y, por último, recorreremos una interesante DinoGalería, donde te contaré cómo dibujar los dinosaurios más conocidos, así como alguna curiosidad extra sobre cada uno. Con ejemplos de los dinosaurios acuáticos, anfibios, terrestres y aéreos de los períodos Jurásico y Cretácico, podrás crear Estegosaurios, Brontosaurios, Braquiosaurios, Tiranosaurios Rex, Triceratops, Velocirraptores, Pterodáctilos, Plesiosaurios, Parasaurólofos, ¡y muchos más!

Al final de la Galería, encontrarás ejemplares de distintos períodos prehistóricos, tanto de la Era Cenozoica como de la Edad de Hielo (el mamut y el tigre dientes de sable); también, unos espectaculares DinoRobots y muchos otros que, si bien no son dinosaurios, ya no habitan más la Tierra (como nuestros gigantes), aunque algunos sí llegaron a convivir con los primeros seres humanos, así lo demuestra una de las escenas propuestas en la sección del libro dedicada a la construcción de escenarios: Cacería de mamuts.

Espero que te diviertas con este libro tanto como yo disfruté al realizarlo.

Con mis mejores deseos,

FEDHAR

MATERIALES NECESARIOS

HE AQUÍ UNA LISTA
DE LOS ELEMENTOS
REQUERIDOS PARA
REALIZAR LOS EJERCICIOS,
BOCETOS Y DIBUJOS
DE ESTE LIBRO.

- Lápiz negro HB y 3B, para los ejercicios, los bocetos y los dibujos finales. También puedes usar un portaminas.

- Lápiz de color celeste para los ejercicios y los bocetos.

- Bloc de papel blanco formato A4 o carta para realizar tus ejercicios, bocetos y dibujos finales. También puedes dibujar en hojas de tamaños más grandes.

- Papel de calcar para rehacer partes y mejorar la calidad de tu dibujo final.

- Goma de borrar para lápiz (de buena calidad).

- Regla (de 30 centímetros o más).

- Mesa de transparencia para calcar y mejorar tus dibujos (véase la sección "Cómo construir una mesa de transparencia" [página 14], donde hay más información sobre esta herramienta especial para los jóvenes dibujantes).

PARA PASAR A TINTA TUS DIBUJOS PUEDES USAR:

- Lapicera *roller* negra.

- Microfibras de diferentes grosores (yo utilizo puntas de 0,3, 0,5 y 0,8 milímetros).

- Marcadores negros de punta fina y mediana.

- Pinceles finos y medianos para usar con tinta china.

- Tinta china negra o del color que prefieras.

- Un frasco con agua para humedecer tus pinceles.

- Un trozo de tela absorbente para limpiar los pinceles.

PRIMERA PARTE

EL ARTE DE DIBUJAR DINOSAURIOS

Para comenzar a dibujar dinosaurios, necesitamos documentarnos sobre el tema. A partir de los numerosos estudios de investigadores y científicos sobre estos animales del pasado, hoy podemos ver innumerables representaciones gráficas, pinturas y reconstrucciones, que son una importante referencia a la hora de emprender la tarea artística de retratarlos. Comienza a estudiarlos y observarlos antes de realizar tus primeros trazos en este maravilloso mundo de los animales de la prehistoria.

DINOSAURS

DINOSAURIOS EN EL ARTE Y LA LITERATURA

LOS DINOS ERAN RETRATADOS POR ARTISTAS DEL PASADO...

El tiempo en que los dinosaurios habitaron la Tierra fue anterior al de los hombres. Sin embargo, en la Antigüedad estos fantásticos animales fueron retratados de muchas formas: pintados en documentos remotos, diseñados como motivos de tejidos o en esculturas en arcilla, entre otras opciones.

Gracias a las investigaciones arqueológicas y científicas modernas, hoy podemos tener una idea muy aproximada de cómo eran estos monstruos del pasado. Pero ¿cómo pudieron los antiguos representarlos sin esas imágenes que los descubrimientos más actuales nos brindan de ellos? Busca las respuestas en las secciones DinoMisterios que están a lo largo del libro.

Imagen de una pintura rupestre de los indios anasazi de Norteamérica, en la que vemos un gran Brontosaurio.

EL PRIMER DINOSAURIO EN LOS DIBUJOS ANIMADOS

El gran dibujante Winsor McCay (autor del cómic *Little Nemo in Slumberland*) usó un Brontosaurio como modelo para realizar en dos años los 10.000 dibujos que constituyeron uno de los primeros intentos de llevar la animación al cine. *Gertie, el dinosaurio* fue el título de este histórico filme estrenado en 1914.

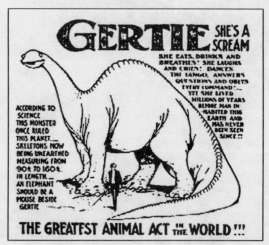

Primer afiche de la película *Gertie, el dinosaurio*, de Winsor McCay.

ENTRE LIBROS Y FÓSILES...

Escritores como Arthur Conan Doyle y Julio Verne abordaron dentro de su obra el misterioso tema de los dinosaurios.

El gran escritor sir Arthur Conan Doyle (1859-1930), por ejemplo, narra en su famoso libro *El Mundo Perdido* (obra que inspiró al director de cine Steven Spielberg para producir el taquillero filme *Parque Jurásico, El Mundo Perdido*) las peripecias de un grupo de personas que quedan atrapadas en una remota isla habitada por dinosaurios.

Escena de la película *Viaje al centro de la Tierra*, basada en la novela de Julio Verne.

Imagen de la película *El continente perdido*, basada en la novela de Conan Doyle.

Julio Verne (1828-1905), en cambio, imaginó este mundo perdido dentro de nuestro planeta en su novela *Viaje al centro de la Tierra*, en la que un grupo de investigadores aventureros logra acceder a las profundas cavidades del globo terrestre, donde deberá enfrentar a grandes dinosaurios y a culturas humanas desaparecidas.

CAPÍTULO 1

EJERCICIOS DE DIBUJO

Antes de comenzar a dibujar los dinosaurios según las propuestas de este libro, es importante que realices los ejercicios que se incluyen en este capítulo.

Te aconsejo que, antes de intentar trazar las primeras líneas con el lápiz, te tomes un instante para mirar el papel en blanco y aquietar tu mente. Una respiración profunda y calma te ayudará a relajarte y prepararte para disfrutar del ejercicio propuesto. Tómatelo como un juego.

EJERCICIOS DE ABLANDAMIENTO

Es importante tener la mano "ablandada", floja, para realizar trazos fluidos. Para esto te recomiendo que realices varias veces los ejercicios propuestos aquí.

Además, te sugiero que utilices un crayón negro sobre papeles blancos grandes (se pueden conseguir en comercios del rubro; también sirven los papeles de envolver de baja calidad) para realizar ejercicios y garabatos como estos:

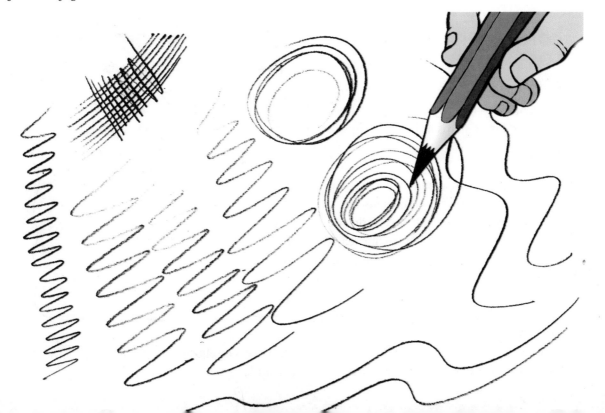

Te aconsejo que, antes de cada ejercicio de dibujo, dediques unos minutos a realizar, con lápiz negro, líneas, círculos, triángulos y cuadrados, además de líneas onduladas y quebradas según los ejemplos que se incluyen en esta página. Como dijimos, te ayudarán a ablandar la mano y lograr que los trazos del dibujo surjan con más soltura.

CONSEJOS PARA REALIZAR LOS EJERCICIOS

No te preocupes si las líneas, los círculos, los cuadros y demás formas no salen perfectos en los primeros intentos. El lápiz debe deslizarse como si patinara sobre la forma que estás dibujando. Si es un círculo, por ejemplo, desliza tu mano en forma circular una y otra vez como si hicieras un rulo, aunque en este caso debes cerrarlo, de tal manera que cada punto del círculo sea equidistante de un centro imaginario. Cuando dibujas cuadrados, asegúrate de que los lados sean iguales (repasando, puedes ir ajustando las medidas) y de que los ángulos sean rectos.

Cuando comienzas los ejercicios, o un boceto, haz los dibujos con lápiz celeste blando en forma suave. Ya podrás repasarlo con lápiz negro en los pasos siguientes.

MÁS EJERCICIOS DE DIBUJO DE FORMAS

Cuantos más ejercicios realices, mejor será el resultado de tu dibujo. Practica constantemente estos y otros ejercicios, entre ellos los del capítulo 1 de mi libro *Cómo dibujar Personajes Mágicos*, que incluye meandros y simetrías. Todos deben practicarse siempre (¡cientos de veces!). Son la gimnasia del dibujante. Tú mismo te sorprenderás de lo que podrás lograr luego de realizarlos. No desestimes estos consejos: ¡son la base de todo buen dibujante!

Dibuja círculos, y luego círculos dentro de círculos, tratando de mantener los espacios equidistantes entre estos. Después, traza una cruz y, a partir de esta, dibuja un cuadrado. Una vez hecho esto, dibuja cuadrados dentro de cuadrados, como puedes ver en esta página.

APRENDE A USAR LA MESA DE TRANSPARENCIA

Para poder trabajar, corregir y mejorar los esquemas y dibujos que hagas, te recomiendo que uses la mesa de transparencia. Esta es una herramienta sumamente útil a la hora de encarar la realización de un buen dibujo.

Por favor, sigue lo explicado en la página 14, "Cómo construir una mesa de transparencia", para poder fabricarte la tuya. En primer lugar, la mesa sirve para calcar tus propios dibujos o fotocopias de esquemas de este libro. El trabajo de calcar, ajustar y corregir sobre tu propia labor de dibujante mejorará tu observación y autocrítica, y te permitirá captar más detalles y alcanzar mayor justeza en el trazo.

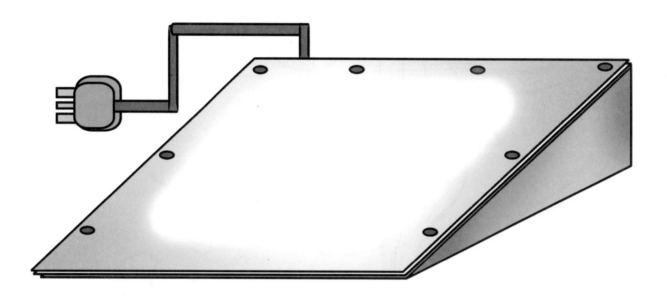

CALCA TUS PROPIOS DIBUJOS PARA CORREGIRLOS

Para trabajar con la mesa de transparencia, primero debes pegar en el centro de la superficie vidriosa de la mesa el boceto o fotocopia del esquema que vayas a dibujar con algunos trozos de cinta de papel engomada. No te recomiendo usar cinta plástica adhesiva ya que pegotea mucho la superficie de la mesa. Encima del boceto o la fotocopia, asegura con cinta (un par de pedacitos solamente) un papel blanco donde calcarás o realizarás los trazos. Puedes calcar y mejorar tus dibujos o los esquemas de este libro agregando hojas de papel encima tantas veces como creas necesario hasta estar conforme con el resultado. Puedes usar papel grueso o cartulina para realizar el dibujo final y pasarlo a tinta o colorearlo con acuarelas.

Si utilizas papel de bloc o de resma tamaño A4 (de 60 o 70 gramos de espesor; cuanto más transparente, mejor), puedes comenzar con un boceto de acuerdo con el ejercicio que te propongas hacer. Las hojas con este formato son ideales a la hora de hacer fotocopias o ubicarlas en un escáner para, por ejemplo, ingresar tu dibujo en la computadora y colorearlo allí.

Ahora, puedes colocar una hoja en blanco de este papel semitransparente sobre tu boceto asegurado en la superficie de la mesa para seguir los pasos del ejercicio. Esto te permite realizar correcciones, dibujando en la hoja blanca sobre las líneas que se transparentan y agregando los trazos que faltan para completar el siguiente paso.

Observa los esquemas que aparecen a continuación:

1- Asegura sobre la superficie de la mesa de transparencia la hoja 1 con el dibujo de un primer paso de cualquier ejercicio de este libro.

2- Luego enciende la mesa y coloca otro papel blanco (hoja 2) sobre el anterior. Con lápiz negro, y basándote en el esquema 1, puedes completar las líneas faltantes.

3- Coloca ahora sobre las dos anteriores la hoja 3, para realizar el ejercicio completo. Puedes repasar este dibujo con rotulador negro. Luego debes borrar con mucho cuidado las líneas de lápiz si quieres tener el dibujo en tinta negra terminado y luego escanearlo para colorearlo en la computadora.

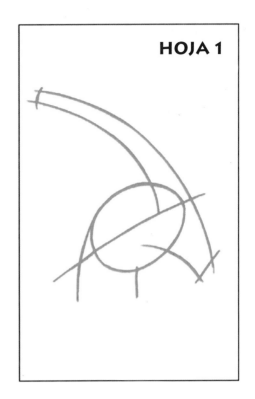

NOTA

También puedes consultar el capítulo 9 de mi libro *Cómo dibujar Personajes Mágicos*, que incluye más consejos técnicos sobre el coloreado en computadora y el uso de la mesa de transparencia.

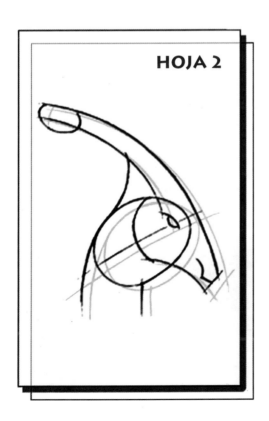

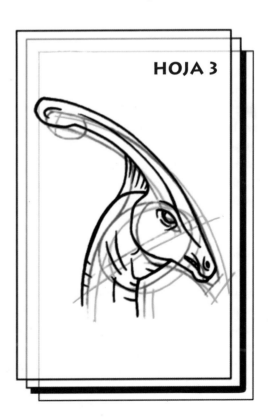

CÓMO CONSTRUIR UNA MESA DE TRANSPARENCIA

ANTES QUE NADA, ES IMPORTANTE DEJAR EN CLARO QUE, PARA CONSTRUIR ESTA MESA, ES RECOMENDABLE PEDIR AYUDA A ALGÚN ADULTO, PORQUE, SI BIEN NO ES UNA TAREA COMPLICADA, REQUIERE CIERTOS CONOCIMIENTOS SOBRE ELECTRICIDAD Y DETERMINADAS DESTREZAS TÉCNICAS QUE UN NIÑO O UN JOVEN, POR LO GENERAL, NO POSEEN.

1- El primer paso es cortar las cuatro piezas de madera o aglomerado (tipo Fibrofácil) que conforman la caja. La base puede ser de 50 centímetros de ancho por 48 de largo. Los lados triangulares, de 48 centímetros de largo por 17 de alto. Finalmente, el lado posterior, será un rectángulo de 50 centímetros de ancho por 17 de alto.
También, tienes que comprar o conseguir un vidrio o un acrílico lechoso (que no se rompe y es más liviano que el vidrio) de igual medida que la base de la caja.

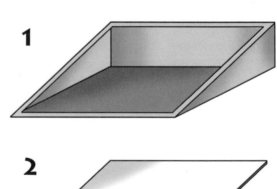

2- Construida la caja, agrega uno o dos tubos fluorescentes chicos (de no más de 40 centímetros de largo) con su respectivo transformador, los cables de conexión y el enchufe que sale por el lado posterior. También puede servir una lámpara fluorescente en forma de aro instalada en el medio de la base. Averigua sobre la posibilidad más conveniente. Luego, puedes incluir un interruptor para encender y apagar la luz de la mesa.

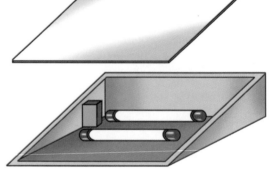

3- Una vez instalado el sistema de iluminación dentro de la caja, perfora con cuidado el material elegido (recomiendo el acrílico lechoso), según la figura, para luego atornillarlo en la caja. Después, apoyando el acrílico sobre la caja, marca con lápiz el lugar para los orificios y haz las perforaciones en los laterales como indica la figura. Consigue tornillos a la medida de los orificios. Usa una medida ni muy grande ni muy larga para no romper el aglomerado o la madera. Si usas vidrio, tendrás que asegurarlo con grampas adecuadas.

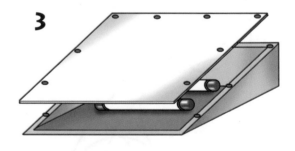

4- Atornilla el acrílico sobre los lados de la caja, y la mesa ya está lista para usar. La superficie, al quedar inclinada como un tablero de dibujo, permite una buena visualización de los esquemas que usarás para calcar.
Cuando utilices la mesa de transparencia, si es posible, apaga las luces de la habitación en que te encuentras para que se intensifique su iluminación y puedas ver con más nitidez los detalles de la imagen sobre la que estás trabajando. ¡Ahora sí, a dibujar!

TÉCNICAS DE DIBUJO

PARA REALIZAR LOS EJERCICIOS DE ESTE LIBRO, QUE TE PERMITIRÁN DIBUJAR LOS ANIMALES MÁS FABULOSOS DE LA PREHISTORIA, TE SUGIERO QUE LEAS CON MUCHA ATENCIÓN LOS DATOS TÉCNICOS QUE INCLUIMOS A CONTINUACIÓN.

REJILLA GUÍA

La rejilla que verás en el primer paso de los ejercicios te ayudará a ubicar el dibujo y a calcular las proporciones de sus diferentes partes. Observa el ejemplo que se presenta aquí.

FORMAS BÁSICAS AMARILLAS

También he incluido en el primer paso de los ejercicios formas geométricas básicas en color amarillo, que serán de ayuda para los primeros trazos de los volúmenes importantes del dibujo.

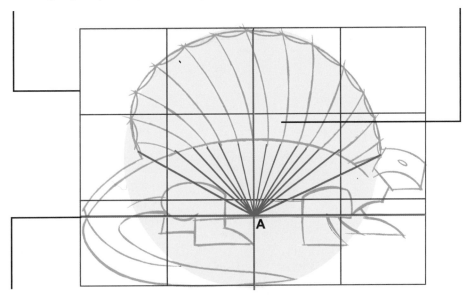

LÍNEAS ROJAS, MARCACIONES DE REFERENCIA

Estas marcaciones son importantes para algunas partes del dibujo.

NOTA

Estos tres elementos: la rejilla guía, las líneas rojas de referencia y las formas básicas amarillas, pueden dibujarse o simplemente observarse para realizar el primer paso de los ejercicios. Tú verás si necesitas hacerlos o estudiarlos antes de comenzar.

UTILIZACIÓN DE LOS MATERIALES BÁSICOS

En cada paso de cada ejercicio está indicado cuál de los tres materiales básicos se sugiere usar: lápiz celeste, lápiz negro, lapicera microfibra de 0,5 o 0,8 milímetros.

PASO 1   **PASO 2**   **PASO 3**   **PASO 4**

CAPÍTULO 2

DIBUJOS DE DINOSAURIOS A PARTIR DE FORMAS GEOMÉTRICAS

Para dibujar cualquier cosa –figuras humanas, animales u objetos en general–, puedes basarte en sencillas formas geométricas, como círculos, cuadrados, rectángulos, triángulos, óvalos, etc.

Los dibujos nacen de formas geométricas. Las diversas formas se encajan entre sí y se combinan según la figura que te propongas dibujar.

En estas páginas, puedes ver cómo, a partir de formas geométricas simples, podemos dibujar un simpático dinosaurio. El óvalo truncado servirá para dibujar el cuello y marcará el final de la ondulante cola. La cabeza estará basada en un hexágono irregular. El cuerpo, en un círculo. Las patas, en paralelepípedos. La cola se dibujará a partir de un óvalo. El cuello, a partir de un óvalo más pequeño.

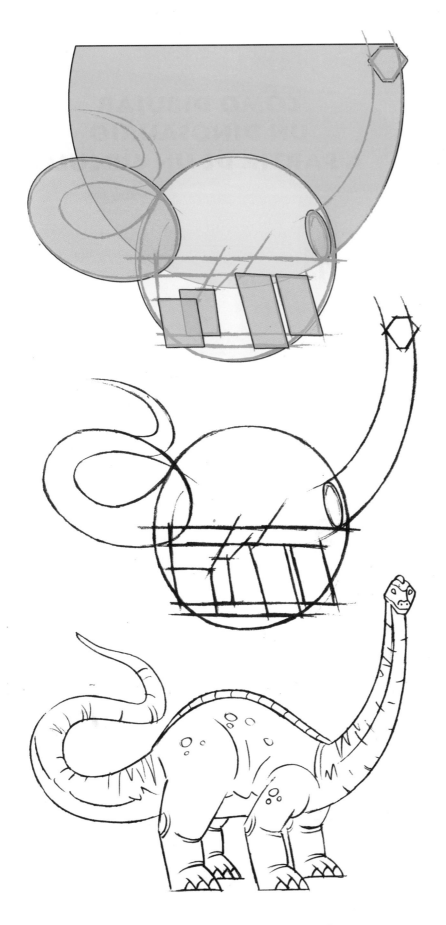

En los dos ejercicios de las páginas siguientes (páginas 18 y 19), comenzaremos a practicar el dibujo de dinosaurios a partir de un círculo y un óvalo. Los modelos están basados en hermosas figuras diseñadas sobre cerámica que fueron encontradas en la localidad de Acambaro, México (consulta la sección DinoMisterios de la página 22 para mayor información). ¡Empecemos!

CÓMO DIBUJAR UN DINOSAURIO A PARTIR DE UN CÍRCULO

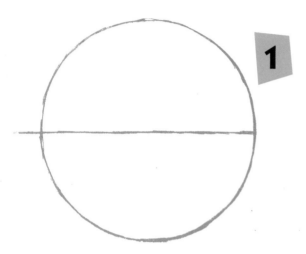

1

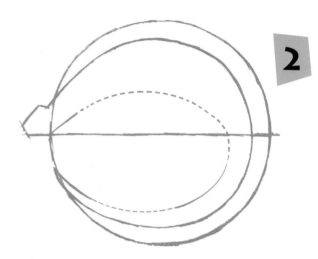

2

1- Comienza dibujando un círculo dividido al medio por una línea horizontal.

2- Luego dibuja las formas redondeadas del interior del círculo; también la línea punteada y las líneas rectas cortas que serán la cabeza.

3- Ahora dibuja la silueta del dinosaurio según el esquema. Observa que la mandíbula, el comienzo de la garra delantera y el pie de la pata trasera están apoyados en la línea horizontal.

4- Finalmente, completa las líneas del cuerpo, el abdomen y las escamas y aletas sobre la espalda y cola del reptil.

5- Aquí tienes una versión coloreada del dinosaurio. ¡Al fin el primero!

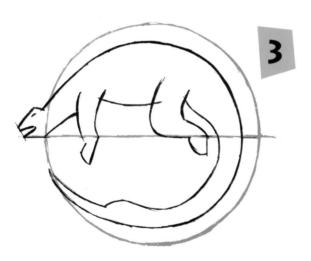

3

4

5

CÓMO DIBUJAR UN DINOSAURIO A PARTIR DE UN ÓVALO

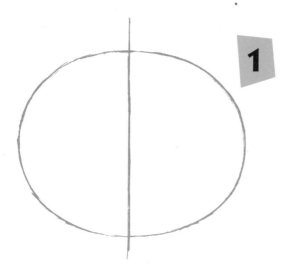

1

2

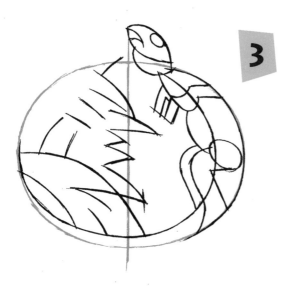

3

1- Primero dibuja un óvalo dividido al medio por una línea vertical.

2- Luego dibuja las formas redondeadas del interior del círculo y las de afuera para dibujar después la cabeza y las patas.

3- Ahora dibuja la silueta del dinosaurio según el esquema. Observa bien para dibujar las plantas de la izquierda.

4- Finalmente, completa las líneas del cuerpo, abdomen y aletas triangulares sobre la espalda y cola del reptil. Termina el dibujo de las hojas.

5- Aquí tienes una versión coloreada del dinosaurio. Tranquilo, no muerde.

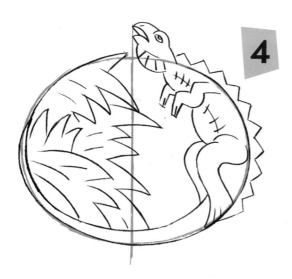

4

5

CÓMO DIBUJAR UN PTERODÁCTILO A PARTIR DE UN TRIÁNGULO

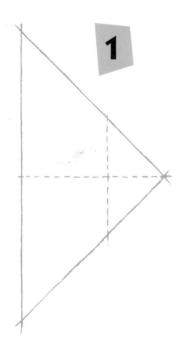

1

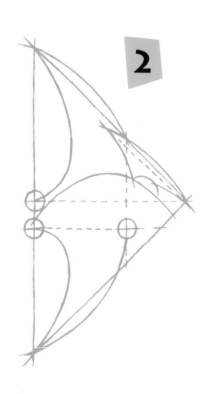

2

1- Comienza dibujando, con lápiz celeste, un triángulo rectángulo. Muchas escuadras tienen esta forma y te servirán de ayuda. Traza la línea horizontal que lo divide a la mitad y otra vertical que lo corta en ángulo recto.

2- Luego dibuja los círculos en los lugares señalados en el esquema y las líneas curvas que serán las alas y la cabeza.

3- Repasa con lápiz negro el esquema en celeste. Dibuja las garras dentro de los círculos, el cuello y termina el pico y el ojo.

4- Finalmente, termina los detalles, como los pliegues de las alas y las manchas sobre el lomo y la cabeza. Muy en el fondo, es un pájaro bueno.

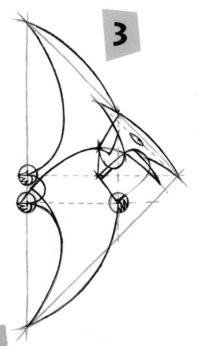

3

4

CAPÍTULO 3

DINOSAURIOS DE AMÉRICA ANTIGUA

Aprende a dibujar modelos de dinosaurios inspirados en estatuillas y diseños sobre piedra que fueron hallados en el continente americano y que, sorprendentemente, tienen una antigüedad de miles de años. La sección DinoMisterios de la página siguiente te contará más curiosidades sobre estos enigmáticos hallazgos y, también, verás que los diseños encontrados son muy actuales. ¡Parecen dibujos animados de hoy!

DINOMISTERIOS

EL MISTERIO DE LAS ESTATUILLAS DE ACAMBARO

¡LOS INVITO A CONOCER LAS SORPRENDENTES ESTATUILLAS PROCEDENTES DE LA COLECCIÓN W. JULSRUD DEL MUSEO DE ACAMBARO, MÉXICO!

En 1923, un comerciante alemán llamado Waldemar Julsrud descubrió el sitio arqueológico de Chupicuaro, en el pueblo de Acambaro, en México. En él encontró más de 33.000 vasijas y estatuillas de terracota que databan de unos mil a cuatro mil años antes de Cristo.

Un gran número de esas estatuillas representan una amplia variedad de dinosaurios en diferentes tamaños y posiciones: en algunos casos muestran dinosaurios domesticados, interactuando con seres humanos. En el mismo lugar se han encontrado restos no fosilizados de lo que podría ser un Estegosaurio. Muchas de estas increíbles piezas arqueológicas hoy son exhibidas en el Museo de Acambaro, en México.

A la derecha vemos la estatuilla de una mujer con un simpático dinosaurio doméstico. ¡Una auténtica Dinomascota de Centroamérica!

EL MISTERIO DE LAS PIEDRAS DE ICA

En el año 1966, en un misterioso y desértico lugar de Sudamérica llamado Ocucaje, cerca del pueblo de Ica, en el Perú, se encontraron decenas de miles de piedras que datan de 3500 años antes de Cristo con extraños dibujos en ellas. Muchos especialistas las investigaron y llegaron a la conclusión de que, efectivamente, fueron pintadas por los humanos de esa época. ¡Son realmente fascinantes!

En estas increíbles y misteriosas piedras, aparecen escenas de un pasado remoto en el que humanos y dinosaurios compartían sus vidas en América.

Fueron llamadas gliptolitos por su principal coleccionista, el doctor Javier Cabrera, quien fundó un museo dedicado a estas extraordinarias reliquias que tiene... ¡11.000 piedras pintadas!

CÓMO DIBUJAR DINOSAURIOS DE AMÉRICA ANTIGUA

EN ESTAS PÁGINAS, TE ENSEÑARÉ A DIBUJAR DOS DINOSAURIOS INSPIRADOS EN LAS IMÁGENES DE LAS ENIGMÁTICAS ESTATUILLAS ENCONTRADAS EN MÉXICO. ESTOS DIBUJOS SON SENCILLOS DE REALIZAR, IDEALES PARA IR PONIÉNDONOS A TONO CON LOS DINOSAURIOS QUE NOS ESPERAN MÁS ADELANTE. ¡MANOS A LA OBRA!

1 Comienza esbozando, con lápiz celeste, el primer esquema. Observa la ubicación y proporción de los círculos amarillos para orientarte mejor. Las líneas principales en forma de X (A y B) que cruzan el círculo mayor te ayudarán a dibujar el cuerpo. Te conviene empezar con las patas traseras, la cola y el cuello.

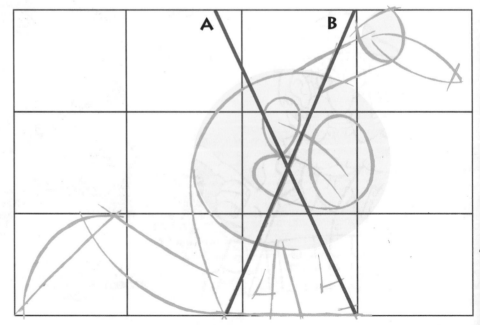

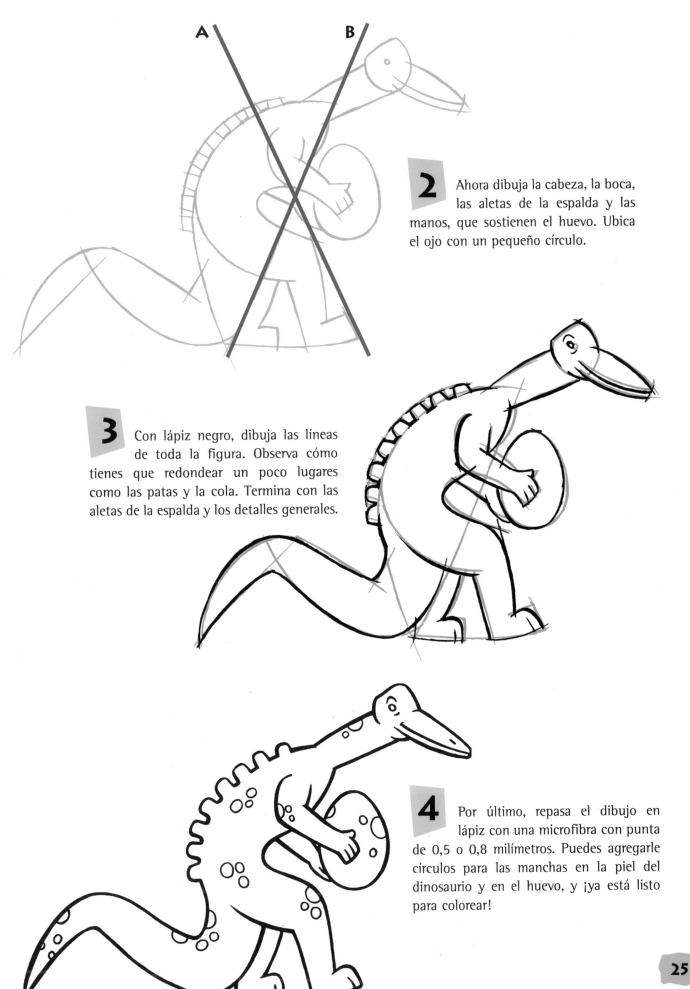

A **B**

2 Ahora dibuja la cabeza, la boca, las aletas de la espalda y las manos, que sostienen el huevo. Ubica el ojo con un pequeño círculo.

3 Con lápiz negro, dibuja las líneas de toda la figura. Observa cómo tienes que redondear un poco lugares como las patas y la cola. Termina con las aletas de la espalda y los detalles generales.

4 Por último, repasa el dibujo en lápiz con una microfibra con punta de 0,5 o 0,8 milímetros. Puedes agregarle círculos para las manchas en la piel del dinosaurio y en el huevo, y ¡ya está listo para colorear!

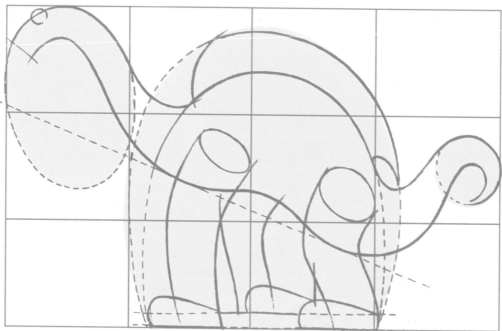

1 Comienza dibujando con el lápiz celeste el primer esquema. Observa que hay tres óvalos y un círculo amarillo. El óvalo mayor, que está truncado en su base, contiene el volumen principal del cuerpo del dinosaurio y delimita tanto las aletas de la espalda como las patas. Dentro de este, hay otro óvalo un poco menor, que da la forma redondeada de la espalda. En la línea punteada diagonal que cruza toda la figura, se apoya el abdomen. El óvalo más pequeño sirve para dibujar la cabeza y el cuello, y el círculo, para la curvatura de la cola.

2 Luego, dibuja las líneas principales para definir mejor la silueta del animal; continúa con las aletas, el ojo y la boca. Dibuja las patas con sus respectivos pies. Observa cómo las patas están basadas en cilindros curvados, como tubos.

3 Con lápiz negro repasa y ajusta los detalles. Ahora agrega la línea que une el cuello, el abdomen y la cola, donde, en el paso siguiente, agregarás las arrugas. Las líneas que definen los grandes dedos de los pies nacen de la altura marcada con una línea de puntos en cada pie.

4 Finalmente, puedes repasar todo el dibujo con un rotulador negro de 0,5 o 0,8 milímetros. Luego borra las líneas de lápiz con cuidado y... ¡ya está!

MÁS DINOSAURIOS DE AMÉRICA ANTIGUA...

EN LAS PRÓXIMAS PÁGINAS, TE ENSEÑARÉ A DIBUJAR DOS DINOSAURIOS INSPIRADOS EN LAS IMÁGENES DE LAS ENIGMÁTICAS PIEDRAS DE ICA, ENCONTRADAS EN EL PERÚ. ESTOS DIBUJOS INCLUYEN FIGURAS HUMANAS MUY GEOMÉTRICAS, ¡IDEALES PARA PRACTICAR FORMAS!

1 Con el lápiz celeste, dibuja el primer esquema. El círculo amarillo central te permitirá orientarte para esbozar las primeras curvas y líneas. Observa cómo se dibuja el cuerpo a partir de un gran semicírculo. El cuadrado amarillo que está rodeado por la cola te servirá de referencia para trazar la cabeza del humano.

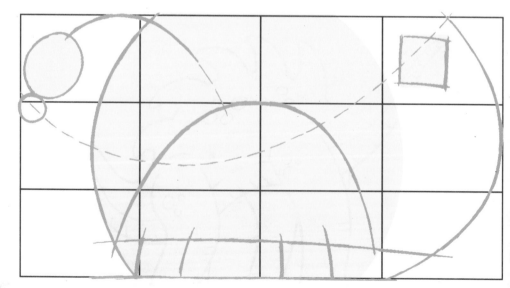

2 Dibuja la silueta completa del dinosaurio según este esquema, todavía con lápiz celeste. Observa que la cabeza está basada en un óvalo amarillo y un pequeño círculo para los trazos de la trompa y la boca. Ahora dibuja el ojo y las aletas sobre el lomo. La figura humana es sencilla, pero observa cómo está apoyada en una aleta final de la cola y que sus manos, hechas a partir de dos círculos, sostienen las correas.

3 Ahora, con lápiz negro, dibuja la silueta del dinosaurio con el humano ajustando los detalles. Observa cómo se trazan las aletas y las correas. Agrega el sol con un pequeño círculo sobre las manos del hombre.

4 Finalmente, puedes repasar todo el dibujo con una microfibra de color negro de 0,5 o 0,8 milímetros, y borra todas las líneas que estaban en lápiz. ¡Felicitaciones, dibujaste el primer hombre!

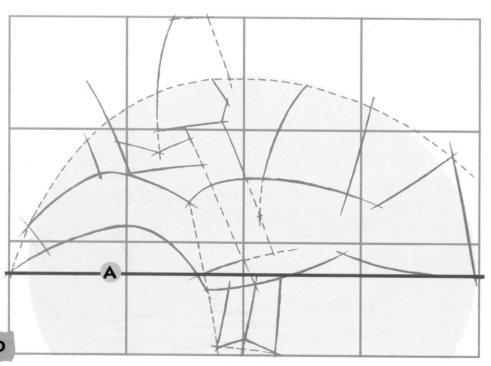

1 Comienza dibujando, con el lápiz celeste, el primer esquema. Observa que está basado en el óvalo amarillo. La línea de puntos que recorre el óvalo conecta la parte superior de la cola, las alas, el sombrero del personaje que monta el dinosaurio con alas, la cresta de la cabeza del animal y el pico. Traza la línea horizontal A que une la cola, el cuerpo y el pico para ubicar el resto de las líneas.

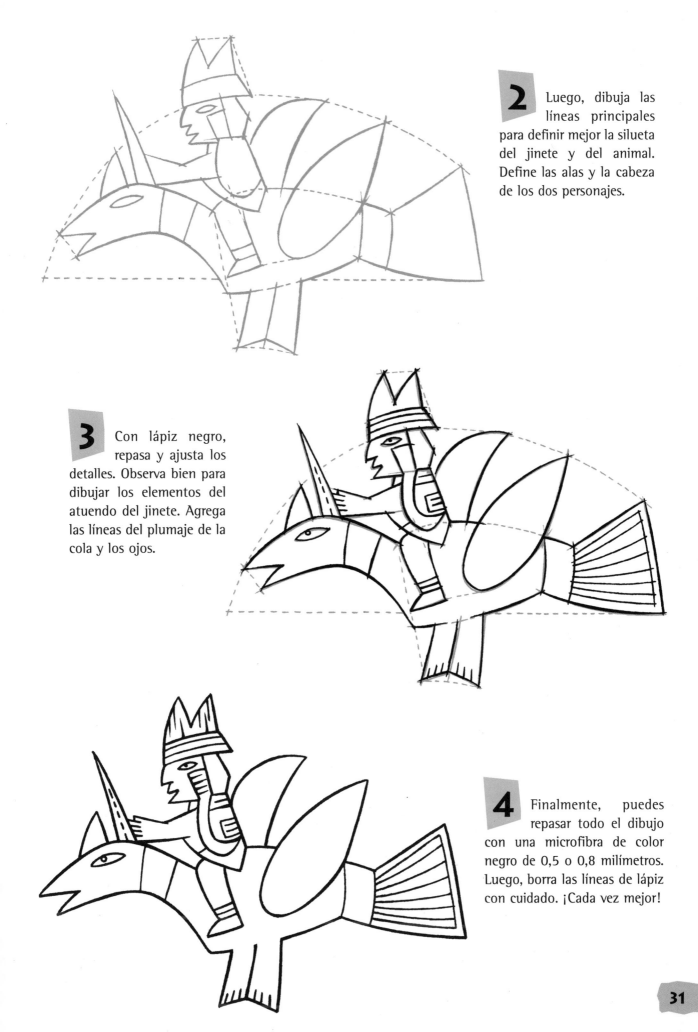

2 Luego, dibuja las líneas principales para definir mejor la silueta del jinete y del animal. Define las alas y la cabeza de los dos personajes.

3 Con lápiz negro, repasa y ajusta los detalles. Observa bien para dibujar los elementos del atuendo del jinete. Agrega las líneas del plumaje de la cola y los ojos.

4 Finalmente, puedes repasar todo el dibujo con una microfibra de color negro de 0,5 o 0,8 milímetros. Luego, borra las líneas de lápiz con cuidado. ¡Cada vez mejor!

CAPÍTULO 4

CÓMO DIBUJAR
CABEZAS DE DINOSAURIOS

Las cabezas de los dinosaurios tienen formas muy variadas. Las hay redondeadas, rectangulares, alarga-das, con cuernos y escamas. También, como los dinosaurios –según su hábitat– pueden ser acuáticos, aéreos o terrestres, sus formas corporales y sus cabezas se parecen a las de peces, aves o mamíferos. Aunque esto no siempre se cumple.

Veremos algunos ejemplos de dinosaurios cuadrúpedos cuyas cabezas parecen de pájaros o patos, como los casos del Kritosaurio, el Coritosaurio o el Protoceratops. Algunos dinosaurios acuáticos tienen la cabeza semejante a la de un perro bulldog, y otras se parecen a la de un pajarito, como la del Ictiosaurio. Algunos científicos explican este fenómeno por la razón de que, al tratarse de reptiles cuadrúpedos, ¡se puede hablar de una combinación de serpiente y vaca!

En otras palabras, ¡no hay una sola cabeza de dinosaurio!... Puede convenir-nos dibujarla a partir de un círculo, un óvalo o una forma redondeada, para luego comenzar a perfilar esa forma específica, combinando las redondeadas con otras más rectas. Se trata de una interesante unión de figuras geométricas. Por ello, antes de dibujar una cabeza de dinosaurio, debes obser-var cuáles son las formas que predominan. Incluyo en estas páginas algunos ejemplos y ejercicios que te servirán para desarrollar tanto tu línea de dibujante como tu perspi-cacia en la observación de las diferentes y curiosas estructuras de la cabeza.

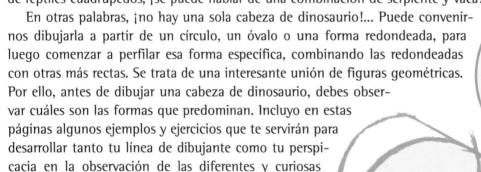

Por ejemplo, el Paquicefalosaurio es un dinosaurio muy raro. Tiene de todo, esca-mas, arrugas, cuernitos, globitos, y es muy cabezón, tanto que su ataque consistía en embestir a su oponente solo con la cabeza.

DIBUJANDO PASO A PASO LA CABEZA DE UN PAQUICEFALOSAURIO

Continuando con el ejemplo de la rara cabeza del Paquicefalosaurio, veremos cómo dibujarla paso a paso a partir de dos círculos, de los cuales uno es más pequeño; observa la **figura 1**. En la **figura 2**, tracé con lápiz celeste las líneas curvas del cuello desde la parte superior del círculo mayor. Luego agregué una línea suavemente curva para marcar el lugar del labio superior de la boca abierta.

En la **figura 3**, dibujé una línea diagonal que corta el círculo mayor y se apoya en la parte superior del círculo más pequeño. El círculo para el ojo está justo donde se cruzan la línea diagonal con la línea del cuello. Luego perfilé la mandíbula y las líneas curvas adicionales, como también las de la boca.

En la **figura 4**, están todas las líneas que sirven de referencia para hacer el dibujo final con lápiz negro que vemos en la **figura 5**.

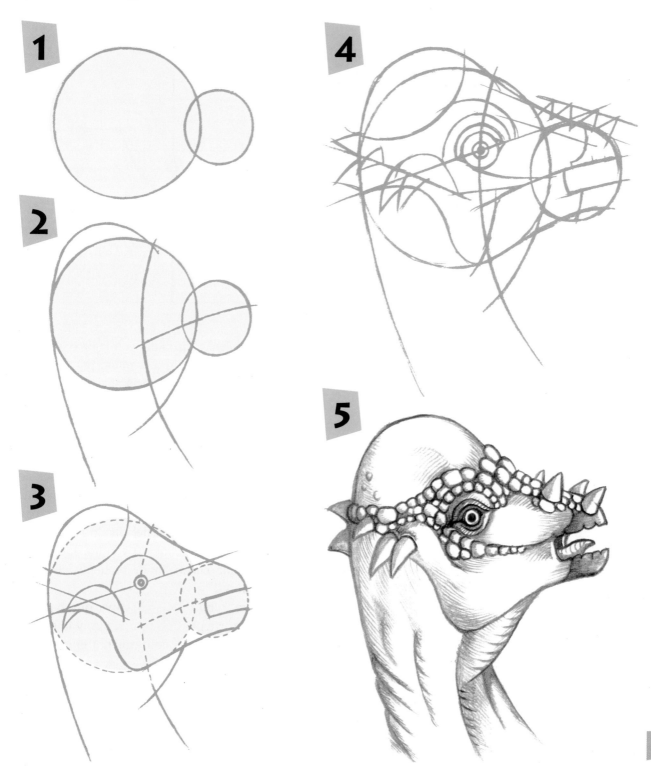

CÓMO DIBUJAR LA CABEZA DE UN BRONTOSAURIO

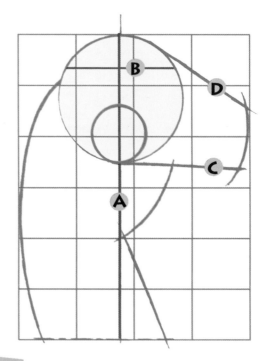

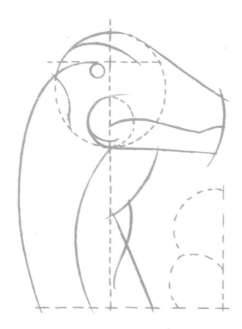

1 Comienza trazando, con lápiz celeste, un círculo dividido a la mitad por una línea recta A, que se extiende hacia abajo. Dibuja otro círculo dentro, de una altura menor que la mitad del círculo mayor. Luego traza una línea horizontal B dentro de este último, aproximadamente en la cuarta parte de su altura.

Partiendo del punto donde el borde inferior del círculo se cruza con la vertical A, dibuja una línea horizontal C levemente hacia abajo. Luego, partiendo del borde superior del círculo mayor, traza una diagonal D. Esta línea D y la horizontal C se cortan en una curva, donde dibujarás el hocico del dinosaurio.

Finalmente, dibuja la larga curva que parte de un pequeño círculo que será el ojo, y la curva y la línea diagonal que conformarán el cuello del animal.

2 Agrega dentro del cuello una segunda curva larga, donde luego dibujarás los pliegues de este. Dibuja también la boca y las formas redondeadas de la mandíbula. Sobre el ojo agrega una curva, que será la ceja. En las líneas curvas punteadas, estarán las hojas de la planta de donde come el Brontosaurio.

3 Ahora comienza a definir, con lápiz negro, la cara del dinosaurio. Completa las líneas de la boca y los labios, junto con las líneas que serán las hojas que el gigante está comiendo.

Agrega las líneas que están alrededor y encima del ojo, y también la del hocico. Dibuja, además, los pliegues de todo el cuello, y las pequeñas líneas curvas cerca de la mandíbula que conforman el oído del animal. Finalmente, traza las líneas de las hojas dentro de las líneas curvas punteadas.

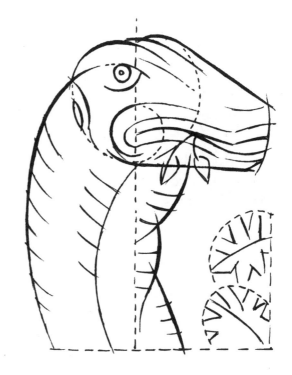

4 Ahora que tienes el esquema completo de la cabeza y el cuello, dibuja las hojas y la ramita de la boca, las arrugas de los labios, la cabeza, el cuello y las cercanías del ojo.

5 Finalmente, remarca con una microfibra negra todos los trazos del paso anterior dibujando con cuidado los detalles finales. ¡Buen provecho, Bronto!

CÓMO DIBUJAR MÁS CABEZAS DE DINOSAURIOS

EN ESTA PRIMERA LECCIÓN CON EJERCICIOS, COMENZAREMOS POR DIBUJAR VARIAS CABEZAS DE DINOSAURIOS MUY DIFERENTES ENTRE SÍ. OBSERVA CON ATENCIÓN CADA PASO PARA QUE TODO SALGA BIEN.

La curiosa cabeza del Coritosaurio muestra una cresta en la parte superior parecida a la del gallo: se trata de los huesos nasales extendidos. Como se aprecia en el esquema en celeste, la cabeza está dibujada a partir de un círculo grande, otro pequeño en la parte delantera de la boca y una variedad de formas curvas y espiraladas que se combinan con otras rectas y diagonales. El ojo, por ejemplo, está dibujado con un pequeño círculo dentro de una forma hexagonal.

CORITOSAURIO

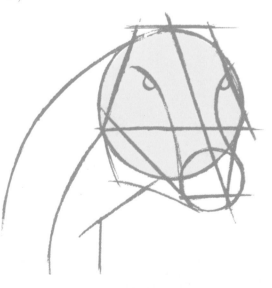

CAMPTOSAURIO

La cabeza del Camptosaurio tiene forma de pico de pato. Es uno de los primeros dinosaurios ornitisquios, es decir, que muestran formas especiales en el cráneo, los huesos nasales y los dientes. El dibujo de su cabeza está basado en un círculo mayor combinado con otro menor y un trapecio. De allí emergen las curvas del cuello y las diagonales y curvas adicionales que dan estructura espacial a la cabeza, cuya postura no es frontal ni de perfil, sino que está rotando en el espacio.

El Protoceratops fue el primer dinosaurio con cuernos del período Cretácico. En estos dibujos, vemos una imagen frontal de la cabeza a partir del dibujo de un triángulo. En el siguiente, vemos la cabeza de perfil a partir del dibujo de un círculo.

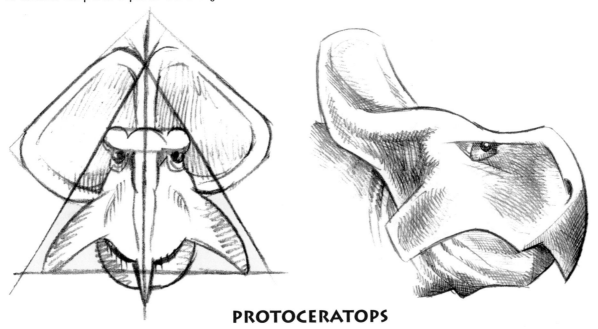

PROTOCERATOPS

KRITOSAURIO

Los huesos nasales expandidos hacia adelante hacen que el Kritosaurio pareciera tener un pico. Para dibujarlo, puedes partir de un círculo y extender el rostro hacia adelante con curvas. Observa que la parte superior del círculo queda truncada, lo que hace una cabeza muy plana, donde el hueso nasal forma una especie de cresta frontal sobre el hocico y le da una forma picuda.

PARASAURÓLOFO

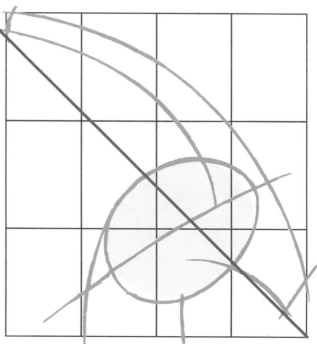

1 Con el lápiz celeste, traza las líneas indicadas en estos dos primeros esquemas. Copia fielmente las formas propuestas: las curvas y las rectas de ambos modelos.

LAMBEOSAURIO

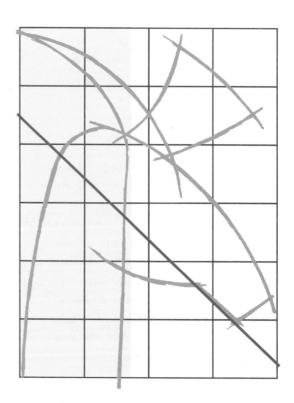

Recuerda sacar buena punta a los lápices antes de comenzar a dibujar. Observa muy bien cada paso antes de realizarlo, estudiando las líneas que componen cada esquema, como los volúmenes de los óvalos y los círculos, y su relación con las líneas curvas y rectas. Pon atención a las marcaciones realizadas para orientarte. Si no te sale perfecto la primera vez, ¡comienza de nuevo! Probablemente, tengas que practicar varias veces.

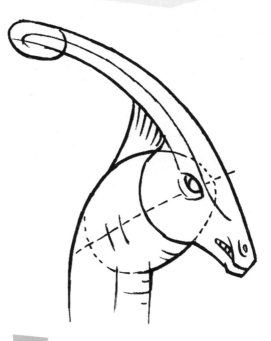

2 Completa las líneas indicadas, ahora con lápiz negro. Dibuja los ojos y la boca de las dos cabezas. Observa las proporciones de las líneas entre sí y ajusta los detalles.

3 Finalmente, luego de dibujar las líneas con lápiz, puedes repasarlas con una microfibra con la punta que prefieras, de 0,5 o de 0,8 milímetros, ¡y listo!

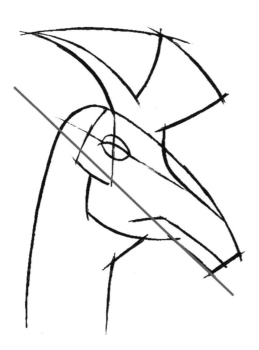

CÓMO DIBUJAR LA CABEZA DE UN TIRANOSAURIO REX

1 Con el lápiz celeste, dibuja las líneas rectas y curvas indicadas en este primer esquema. Comienza con la línea roja central, que está levemente inclinada hacia la izquierda: te ayudará a dibujar el cuello y ubicar el ojo.

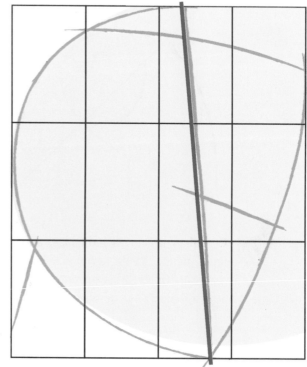

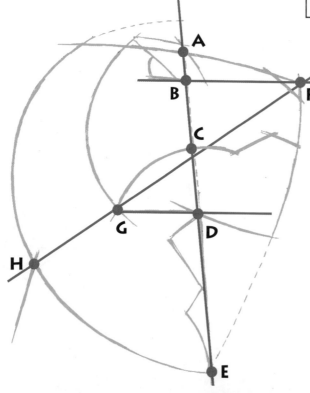

2 Continúa trazando las otras líneas que se muestran en el esquema. Observa los puntos marcados sobre la línea central: el punto A servirá para ubicar la ceja; el punto B, para marcar dónde nace el ojo; el punto C, para señalar la boca; el punto D, para la mandíbula, y el punto E, para el final del cuello. En la línea diagonal mayor: el punto F servirá para ubicar el hocico; el punto G indica dónde termina la gran boca, y el punto H, dónde nace la curva de la cabeza. Entre el punto G y D, con una línea horizontal empieza a delinear la mandíbula.

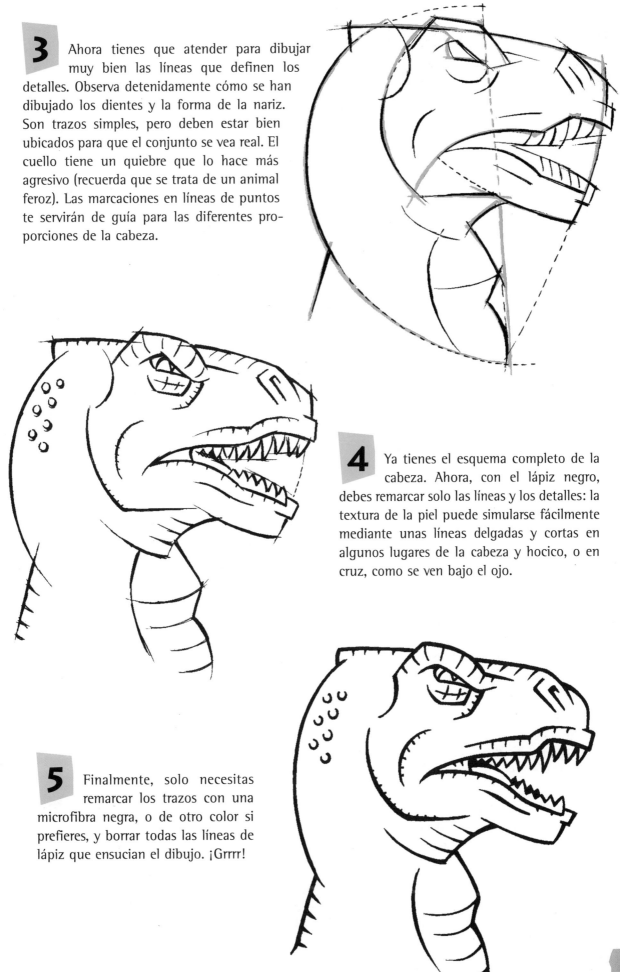

3 Ahora tienes que atender para dibujar muy bien las líneas que definen los detalles. Observa detenidamente cómo se han dibujado los dientes y la forma de la nariz. Son trazos simples, pero deben estar bien ubicados para que el conjunto se vea real. El cuello tiene un quiebre que lo hace más agresivo (recuerda que se trata de un animal feroz). Las marcaciones en líneas de puntos te servirán de guía para las diferentes proporciones de la cabeza.

4 Ya tienes el esquema completo de la cabeza. Ahora, con el lápiz negro, debes remarcar solo las líneas y los detalles: la textura de la piel puede simularse fácilmente mediante unas líneas delgadas y cortas en algunos lugares de la cabeza y hocico, o en cruz, como se ven bajo el ojo.

5 Finalmente, solo necesitas remarcar los trazos con una microfibra negra, o de otro color si prefieres, y borrar todas las líneas de lápiz que ensucian el dibujo. ¡Grrrr!

VARIAS CABEZAS DE DINOSAURIOS CON CUERNOS

Aquí vemos tres esquemas para el dibujo de dinosaurios con cornamenta o astados. Como puedes observar, la ubicación, el largo y la dirección de los cuernos es diferente.

El primer esquema pertenece a un Estiracosaurio; el segundo, a un Casmosaurio, y el tercero, a un Monoclonio, todos familiares cercanos del famoso Triceratops.

Te presento estos tres esquemas, concordantes entre sí. Por ejemplo, los tres se basan en dos círculos: uno mayor y otro un poco menor, para comenzar cada cabeza.

La línea roja vertical A, que cruza los tres esquemas, ubica el ojo de cada uno de ellos. Esta línea indica, además, el lugar donde se dibuja el cuello.

En el primer y tercer esquemas, he usado una línea roja horizontal adicional B. En el primero, está para indicar la ubicación de la boca y la mandíbula en relación con los cuernos. En el tercer esquema, está para la ubicación del ojo y la nariz en relación con los cuernos.

En el primer y segundo esquemas hay, además, una línea roja diagonal C: en el primero, indica dónde apoya el hocico en relación con el cuerno mayor superior; en el segundo, marca la ubicación del ojo con respecto a la nariz y la línea central de la cornamenta.

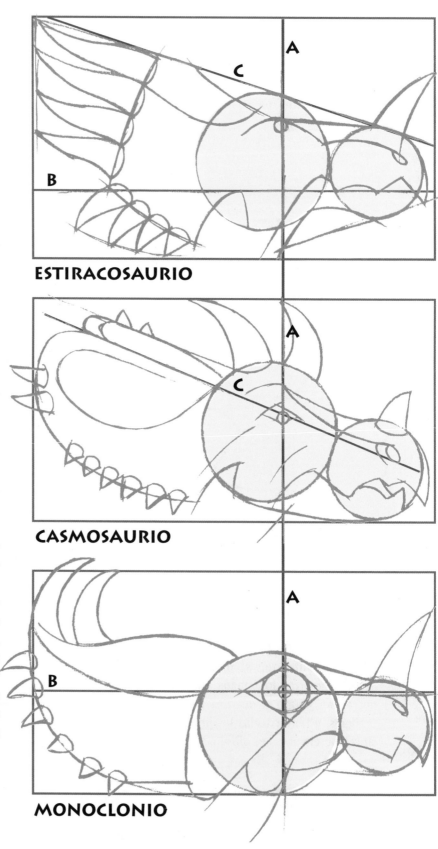

ESTIRACOSAURIO

CASMOSAURIO

MONOCLONIO

En esta página, vemos las tres cabezas de dinosaurios con cuernos dibujadas a partir de los tres esquemas, pasados con microfibra y coloreados en la computadora.

ESTIRACOSAURIO

PRACTICA EL DIBUJO DE ESTAS CABEZAS Y PREPÁRATE PARA LOS EJERCICIOS QUE ENCONTRARÁS EN LAS PÁGINAS SIGUIENTES.

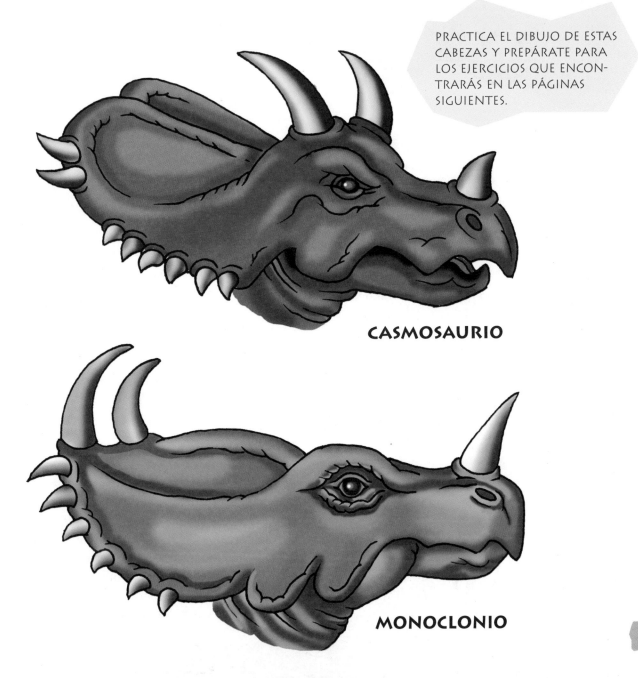

CASMOSAURIO

MONOCLONIO

CÓMO DIBUJAR LA CABEZA DE UN TRICERATOPS

1 Comienza trazando, con lápiz celeste, el primer esquema. Observa el óvalo amarillo superior, que te servirá para dibujar la osamenta de la cabeza, y el círculo amarillo inferior, para el hocico. También es importante que repares en las líneas rojas que cruzan en diagonal y forman una X, y en los puntos marcados sobre estas. El punto A indica dónde nace el cuello; el punto B, dónde nace la osamenta de la cabeza. Mira con atención cómo las líneas curvas se tocan entre sí.

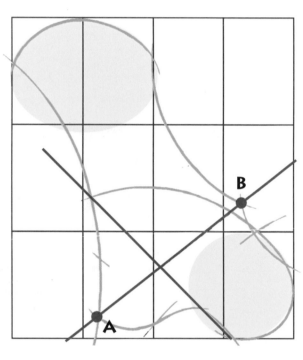

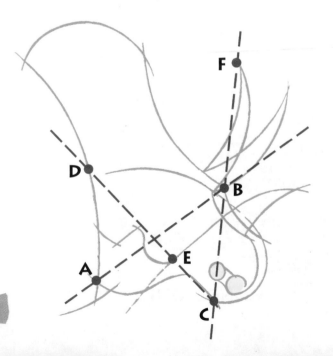

2 Los puntos F, B y C, sobre la línea punteada, te ayudarán a dibujar los cuernos, la frente, la mandíbula y la boca. La boca se dibuja con dos círculos chicos unidos entre sí por dos líneas curvas suaves y cortas. Para el cuerno sobre el hocico, traza una línea curva que cruce el punto E. Agrega las curvas que serán los cuernos en el frente de la cabeza. Los puntos D, E y C marcan dónde nacen los cuernos de la cabeza y la mandíbula.

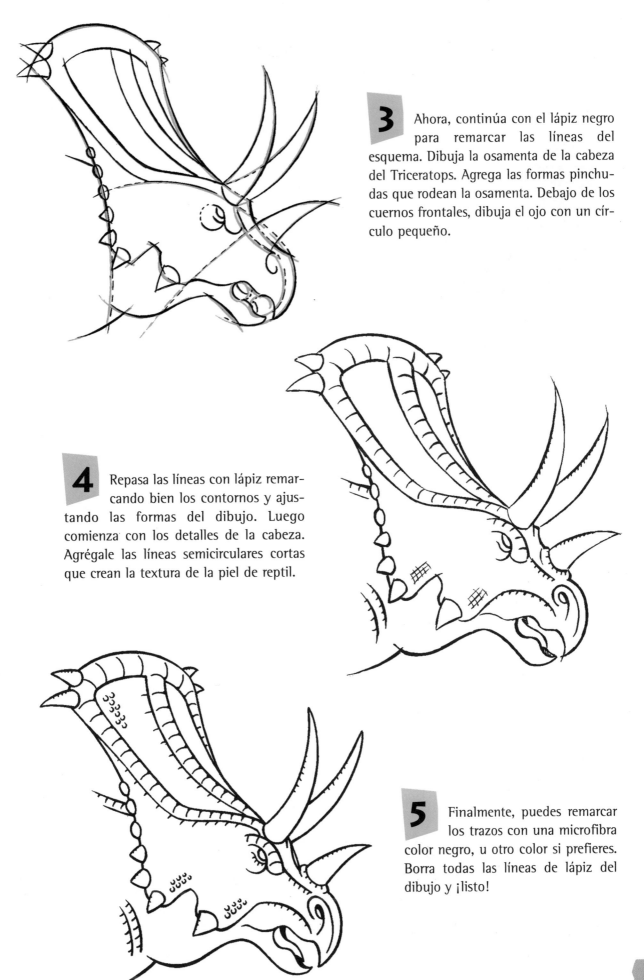

3 Ahora, continúa con el lápiz negro para remarcar las líneas del esquema. Dibuja la osamenta de la cabeza del Triceratops. Agrega las formas pinchudas que rodean la osamenta. Debajo de los cuernos frontales, dibuja el ojo con un círculo pequeño.

4 Repasa las líneas con lápiz remarcando bien los contornos y ajustando las formas del dibujo. Luego comienza con los detalles de la cabeza. Agrégale las líneas semicirculares cortas que crean la textura de la piel de reptil.

5 Finalmente, puedes remarcar los trazos con una microfibra color negro, u otro color si prefieres. Borra todas las líneas de lápiz del dibujo y ¡listo!

CÓMO DIBUJAR A NESSIE, EL DINOSAURIO DEL LAGO NESS

¡APRENDE A DIBUJAR EN CUATRO PASOS ESTE MÍTICO DINOSAURIO QUE, SEGÚN LA LEYENDA, VIVE EN EL LAGO NESS EN ESCOCIA!

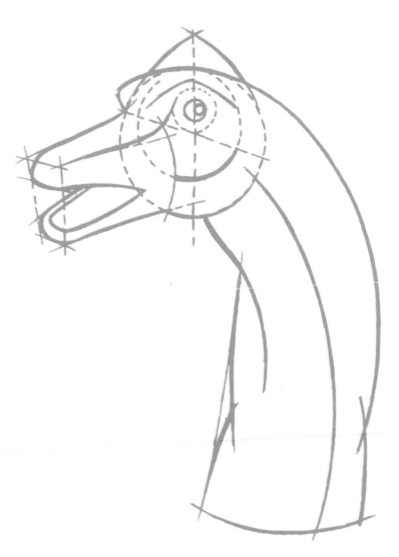

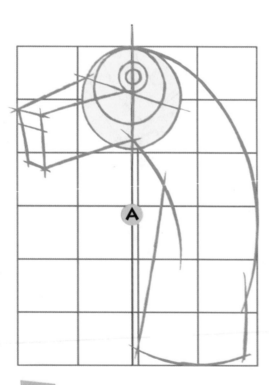

1 Comienza dibujando, con lápiz celeste, el círculo mayor. Traza una larga vertical A hacia abajo que divida el círculo por la mitad. Dibuja los tres círculos interiores según el esquema. Observa que los dos más pequeños están sobre la línea A. Luego traza las líneas curvas y diagonales del cuello, y dibuja el hocico como una caja rectangular.

2 Dibuja la forma del hocico, las cejas, la cresta y el pómulo de la cara de Nessie. Perfila mejor el cuello: dibuja las líneas curvas frontales y agrega la línea curva intermedia.

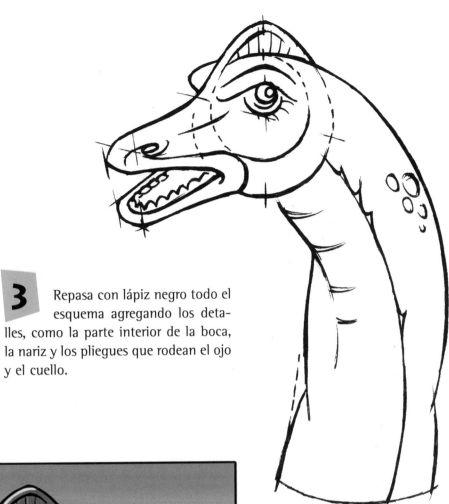

3 Repasa con lápiz negro todo el esquema agregando los detalles, como la parte interior de la boca, la nariz y los pliegues que rodean el ojo y el cuello.

4 Finalmente, repasa todo el dibujo con una microfibra de 0,5 milímetros de color negro. ¡Cuidado, Nessie, que el agua está fría!

DINOMISTERIOS

¡Me encanta que me saquen fotos!

En varios lugares del planeta se han avistado dinosaurios acuáticos: algunos testigos aseguran que vieron monstruos marinos de enorme longitud y largo cuello emergiendo de las aguas de distintos lagos.

Los lagos de Champlain, en Norteamérica; Ness, en Escocia, y el Nahuel Huapi, en la Argentina, son algunos de ellos. Parece realmente increíble que esto pueda suceder, ¿no es cierto? Pero hay muchas evidencias fotográficas así como personas que lo confirman.

Si es así, antes de nadar en un lago pregunta a los lugareños si por casualidad han visto algún dinosaurio con traje de baño...

EL DINOSAURIO DE LOCH NESS

El famoso Nessie, como fue bautizado en el siglo VI, es un dinosaurio acuático que circula en las profundidades del lago Ness, en Escocia.

Los afortunados testigos de Nessie afirman que el monstruo es de color rojo oscuro, tiene la piel lisa y mide entre ocho y nueve metros de longitud. Algunos científicos aseguran que, con esta descripción podría tratarse de un Plesiosaurio, una especie de dinosaurio marino.

EL DINOSAURIO NAHUELITO DESPISTA A LOS ESCÉPTICOS

En la Patagonia argentina también hay un Nessie, bautizado Nahuelito, ya que este gigante acuático del pasado ha sido visto en el lago Nahuel Huapi, muy cerca de la ciudad de San Carlos de Bariloche. El primer testimonio registrado es del siglo XVI, cuando al rey Carlos V de España le comentaron sobre un exótico animal que habitaba los lagos del sur, y él envió una expedición en su búsqueda...

En 1925, en las costas de California fueron encontrados restos (enorme cabeza, cuello y partes del cuerpo) de un Plesiosaurio. El cuello medía 6 metros de largo.

En 1869, George Musters (parecido a monsters, "monstruos", ¡ja!) transcribió comentarios que le hicieron los indígenas del sur argentino, sobre "unos animales feroces", a los que denominaban "tigres del agua" y que "atacaban y devoraban a cualquiera que intentara cruzar el río Mayo". Los llamaban *miquilo* en quechua, *ayeperr* en tehuelche y *huillin* o *chichimen* en mapuche. En 1875, el cacique tehuelche Nahuelpi relató la aparición de un monstruo en las aguas del lago Aluminé.

En 1977, en las costas de Nueva Zelanda, un barco pesquero japonés, el Zuiyo Maru, pescó esta extraña criatura marina muerta. Las descripciones que hicieron los marinos revelaron que se trataba, también, de una especie de ¡Plesiosaurio!

SEGUNDA PARTE

CUERPOS DE DINOSAURIOS Y ESCENARIOS PREHISTÓRICOS

Dibujar dinosaurios es todo un desafío, ya que cada especie tiene sus particularidades y fisonomía propia. Si quieres que tus dibujos sean tan fantásticos como lo son estos animales, debes tener en cuenta todos los aspectos didácticos que presento en esta segunda parte del libro. Sigue las indicaciones para dibujar el esqueleto y los volúmenes de los dinosaurios. Y, en el capítulo siguiente, te enseñaré a armar unos espectaculares escenarios prehistóricos. ¡A dibujar!

CAPÍTULO 5

EL ESQUELETO

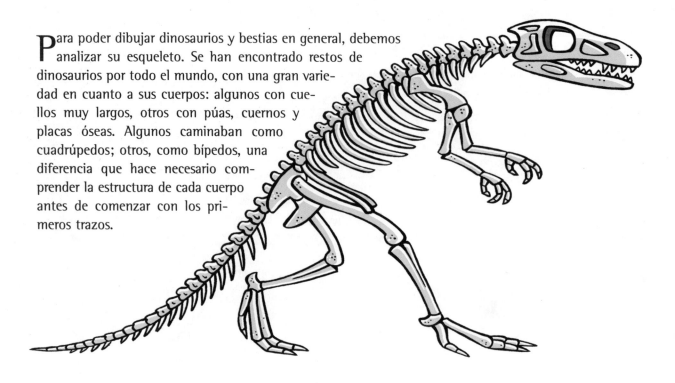

Para poder dibujar dinosaurios y bestias en general, debemos analizar su esqueleto. Se han encontrado restos de dinosaurios por todo el mundo, con una gran variedad en cuanto a sus cuerpos: algunos con cuellos muy largos, otros con púas, cuernos y placas óseas. Algunos caminaban como cuadrúpedos; otros, como bípedos, una diferencia que hace necesario comprender la estructura de cada cuerpo antes de comenzar con los primeros trazos.

Cada animal tiene su esqueleto. Pero los dibujantes llamamos esqueleto a la síntesis de las articulaciones de los huesos. No se trata de dibujar previamente todos los huesos en detalle, sino solo de resaltar con círculos y líneas los lugares donde están esas articulaciones principales para poder tener, luego, una estructura desde la cual partir para modelar con lápiz los volúmenes y aspectos exteriores del cuerpo del dinosaurio. Encontrarás múltiples casos en las páginas siguientes.

Por ejemplo, la cabeza y la mandíbula estarán enganchadas con la columna, que se extiende como cola. De la columna se desprenden los miembros delanteros y traseros, es decir, las patas. Debemos observar la relación entre la longitud de las patas y el resto del cuerpo para lograr un buen dibujo. Así, por ejemplo, las patas traseras serán más largas que las delanteras, entre otros detalles.

El esqueleto que aparece arriba, en esta página, pertenece a un Tecodonte del período Triásico, de un metro y medio de largo. Es un esqueleto reconstruido a partir de hallazgos fósiles y, por lo tanto, funcionaría como un modelo de dinosaurio. A la derecha podemos ver cómo llevarlo a un esqueleto para dibujar.

DEL ESQUELETO AL VOLUMEN CORPORAL

EL ESQUELETO es como el modelo de alambre que hay que construir antes de confeccionar la figura de un muñeco.

LOS VOLÚMENES BÁSICOS son el relleno que debe colocarse antes de forrar el muñeco con el material externo.

Tomando de modelo un Braquiosaurio, te presento una secuencia de imágenes en la que puedes ver cómo, desde el dibujo del esqueleto, llegamos al dibujo final a través de una ESTRUCTURA TUBULAR Y VOLUMÉTRICA, basándonos en FORMAS GEOMÉTRICAS ESPACIALES*, como cilindros, esferas y formas aperadas, entre otras.

Para realizar cualquier dibujo tienes que visualizar analíticamente el objeto representado en tu mente y comprender sus volúmenes.

Practica los esquemas de este capítulo y verás que poco a poco podrás captar mejor con tu trazo la construcción de esqueletos y volúmenes corporales.

* Puedes ampliar la información sobre este tema en el capítulo 2 de mi libro *Cómo dibujar Personajes Mágicos*.

OTROS EJEMPLOS DE ESQUELETOS DE DINOSAURIOS

Aquí vemos el esqueleto de un Ornitolestes, un pequeño dinosaurio terópodo que conservaba muchas características de los dinosaurios ancestrales. El estudio de su estructura estilizada permite comprender el sistema de articulaciones de los dinosaurios en general.

Como ya explicamos, es necesario entender la estructura del dinosaurio que vamos a dibujar. Para ello, te recomiendo que comiences con el dibujo del esqueleto, como en el caso de este Triceratops. Hazlo con líneas sueltas y círculos sencillos, como puedes ver en los dibujos.

Los dinosaurios Ornitópodos tenían el pico de pato y caminaban con las dos patas traseras. Sus patas delanteras eran bastante más pequeñas.

EJERCICIO:
Dibuja los esqueletos que figuran en estas páginas, para luego, sobre estos, dibujar la silueta de cada dinosaurio.

El Estegosaurio era un dinosaurio con un gran cuerpo y una cabeza pequeña. Las patas traseras eran más largas que las delanteras. Su cabeza recuerda la de una tortuga.

MÁS ESQUELETOS DE DINOSAURIOS

En esta página, podemos ver el esqueleto de un Estegosaurio en perspectiva. Los círculos rojos indican las articulaciones. El volumen corporal coloreado de marrón claro tiene forma de huevo. La silueta de todo el dinosaurio está en color amarillo.

Aquí vemos el Estegosaurio dibujado en lápiz negro a partir de la estructura del esqueleto. Este estudio de dibujo permite que se vea con volúmenes. Para ello he agregado suaves sombreados con líneas que recorren y definen el volumen corporal. El grosor de las líneas de lápiz varía y da carácter al dibujo.

Los enormes Brontosaurios tenían el cuello muy largo
y la cabeza pequeña. Caminaban en cuatro patas, las
que sostenían un cuerpo de gran peso y dimensiones.
Estudia este esqueleto y verás que dibujarlo es sencillo, ya que todos los trazos parten del óvalo central
del volumen corporal.

Los Plesiosaurios también tenían un cuello largo y una
cabeza pequeña. Su cuerpo aplanado y su estructura de
dibujo son similares a los del Brontosaurio, solo que las
patas terrestres son reemplazadas por grandes aletas para
nadar en las profundidades.

EJERCICIO:

Dibuja los esqueletos que
figuran en esta página, para
luego, sobre estos, dibujar
las siluetas.

El esqueleto del Protoceratops es muy sencillo. Su cabeza es similar a la del Triceratops.

Aquí tenemos otro ejemplo de un Ornitópodo. Como ya vimos, estos saurios tenían la cabeza con pico de pato y caminaban sobre sus dos grandes patas traseras. Hay varios dinosaurios con estas características, por ejemplo, ¡el Tiranosaurio Rex!

EJERCICIO:
Dibuja los esqueletos que aparecen en esta página y luego dibuja sus siluetas.

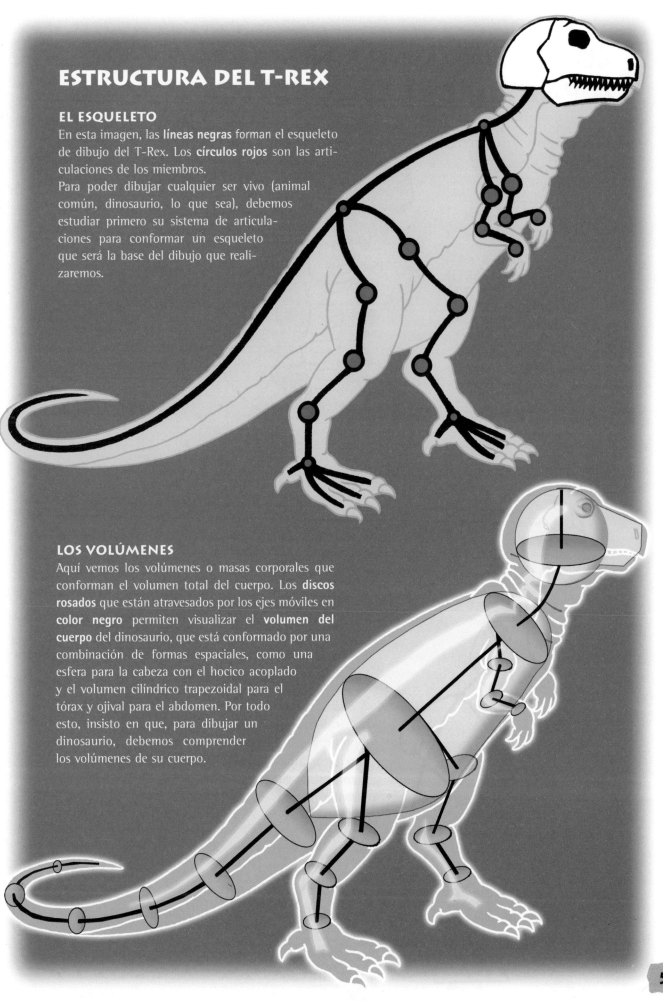

ESTRUCTURA DEL T-REX

EL ESQUELETO

En esta imagen, las **líneas negras** forman el esqueleto de dibujo del T-Rex. Los **círculos rojos** son las articulaciones de los miembros.

Para poder dibujar cualquier ser vivo (animal común, dinosaurio, lo que sea), debemos estudiar primero su sistema de articulaciones para conformar un esqueleto que será la base del dibujo que realizaremos.

LOS VOLÚMENES

Aquí vemos los volúmenes o masas corporales que conforman el volumen total del cuerpo. Los **discos rosados** que están atravesados por los ejes móviles en **color negro** permiten visualizar el **volumen del cuerpo** del dinosaurio, que está conformado por una combinación de formas espaciales, como una esfera para la cabeza con el hocico acoplado y el volumen cilíndrico trapezoidal para el tórax y ojival para el abdomen. Por todo esto, insisto en que, para dibujar un dinosaurio, debemos comprender los volúmenes de su cuerpo.

CÓMO DIBUJAR UN T-REX A PARTIR DEL ESQUELETO

¡ANÍMATE A DIBUJAR ESTE TREMENDO T-REX A PARTIR DEL ESTUDIO DEL ESQUELETO Y VOLÚMENES CORPORALES!

1

En el **esquema 1** te presento un modelo de esqueleto donde se ha incluido el volumen esférico para el dibujo de la cabeza y una caja rectangular para el torso del dinosaurio.

En líneas punteadas de color celeste se muestran los contornos. El dibujo del esqueleto está trazado en color negro con círculos rojos que marcan las articulaciones.

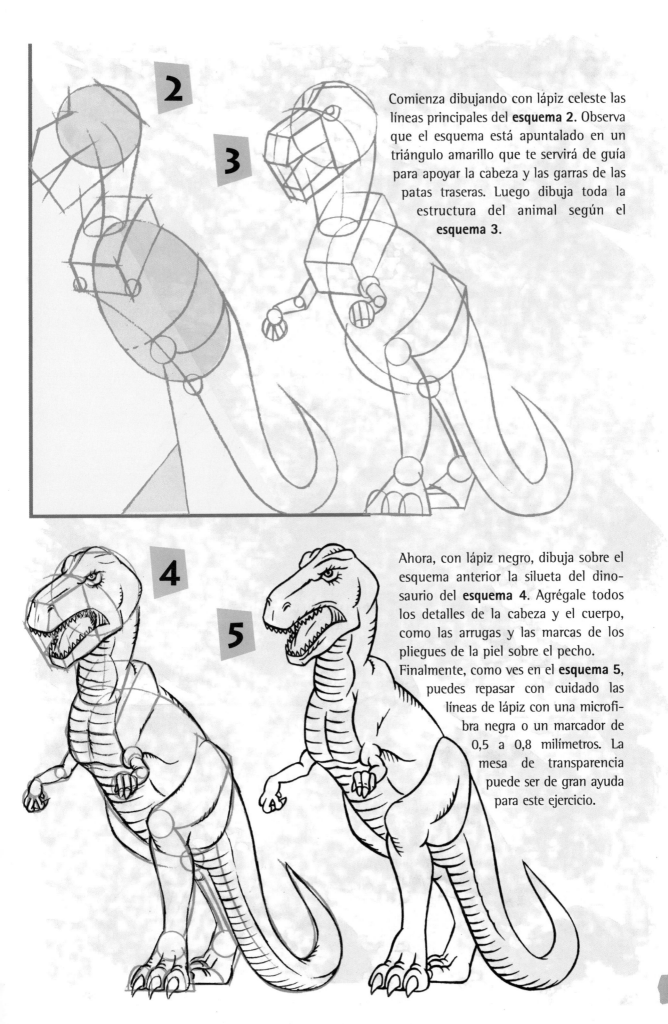

Comienza dibujando con lápiz celeste las líneas principales del **esquema 2**. Observa que el esquema está apuntalado en un triángulo amarillo que te servirá de guía para apoyar la cabeza y las garras de las patas traseras. Luego dibuja toda la estructura del animal según el **esquema 3**.

Ahora, con lápiz negro, dibuja sobre el esquema anterior la silueta del dinosaurio del **esquema 4**. Agrégale todos los detalles de la cabeza y el cuerpo, como las arrugas y las marcas de los pliegues de la piel sobre el pecho. Finalmente, como ves en el **esquema 5**, puedes repasar con cuidado las líneas de lápiz con una microfibra negra o un marcador de 0,5 a 0,8 milímetros. La mesa de transparencia puede ser de gran ayuda para este ejercicio.

CÓMO DIBUJAR UN PTERODÁCTILO A PARTIR DEL ESQUELETO

¡ANÍMATE A DIBUJAR ESTE FABULOSO PTERODÁCTILO A PARTIR DEL ESTUDIO DEL ESQUELETO Y VOLÚMENES CORPORALES!

1

En este esquema vemos un modelo de esqueleto con los volúmenes ovalado y cónico para el dibujo de la cabeza, y dos esferas para el torso de este reptil volador. Las líneas punteadas en color celeste muestran los contornos.

El esqueleto está dibujado en color negro con círculos rojos que señalan las articulaciones.

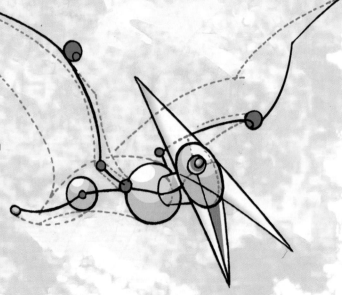

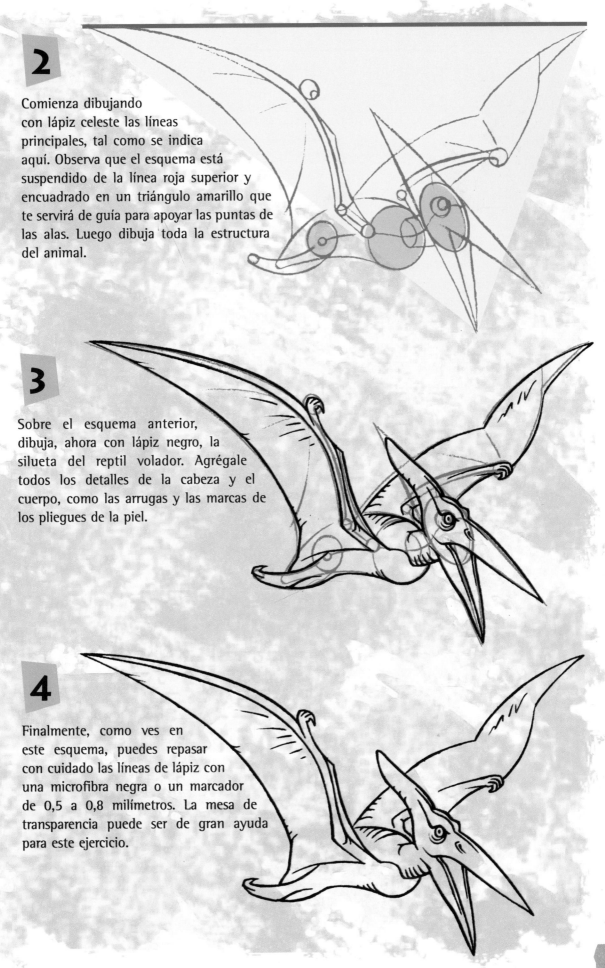

2

Comienza dibujando
con lápiz celeste las líneas
principales, tal como se indica
aquí. Observa que el esquema está
suspendido de la línea roja superior y
encuadrado en un triángulo amarillo que
te servirá de guía para apoyar las puntas de
las alas. Luego dibuja toda la estructura
del animal.

3

Sobre el esquema anterior,
dibuja, ahora con lápiz negro, la
silueta del reptil volador. Agrégale
todos los detalles de la cabeza y el
cuerpo, como las arrugas y las marcas de
los pliegues de la piel.

4

Finalmente, como ves en
este esquema, puedes repasar
con cuidado las líneas de lápiz con
una microfibra negra o un marcador
de 0,5 a 0,8 milímetros. La mesa de
transparencia puede ser de gran ayuda
para este ejercicio.

ESTUDIO DEL ALA DE UN PTERODÁCTILO

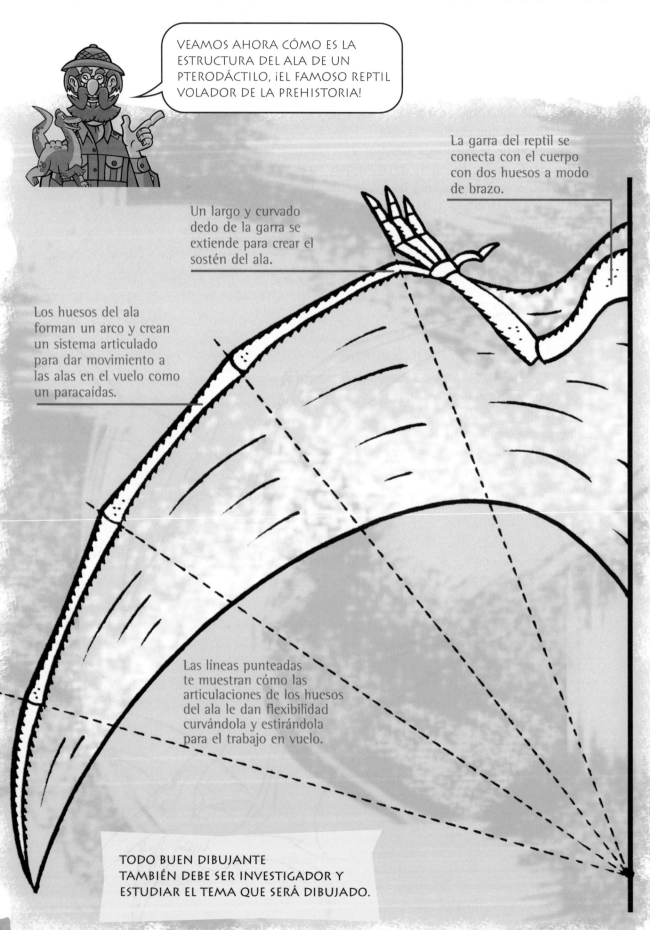

VEAMOS AHORA CÓMO ES LA ESTRUCTURA DEL ALA DE UN PTERODÁCTILO, ¡EL FAMOSO REPTIL VOLADOR DE LA PREHISTORIA!

La garra del reptil se conecta con el cuerpo con dos huesos a modo de brazo.

Un largo y curvado dedo de la garra se extiende para crear el sostén del ala.

Los huesos del ala forman un arco y crean un sistema articulado para dar movimiento a las alas en el vuelo como un paracaídas.

Las líneas punteadas te muestran cómo las articulaciones de los huesos del ala le dan flexibilidad curvándola y estirándola para el trabajo en vuelo.

TODO BUEN DIBUJANTE TAMBIÉN DEBE SER INVESTIGADOR Y ESTUDIAR EL TEMA QUE SERÁ DIBUJADO.

¿PUDIERON LOS PTERODÁCTILOS CONTINUAR VIVOS HASTA NUESTROS DÍAS?

Existen decenas de personas que aseguran haber visto Pterodáctilos vivos. Según los científicos evolucionistas, estos reptiles voladores cruzaban los cielos hace cien millones de años.

Sin embargo, se han encontrado dibujos de estos animales hechos por humanos en la Antigüedad. ¿Cómo pudieron retratarlos si ya no existían?

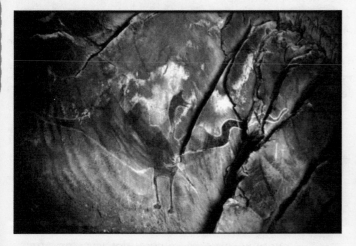

Sobre las piedras del acantilado de Thompson, en Utah (Estados Unidos), por ejemplo, aparece pintado un pájaro, pero su prominente pico y los detalles de las patas y las alas hacen pensar que se trata, efectivamente, de un Pterodáctilo.

En 1890, se publicó en un diario de la época que unos rancheros de Arizona (también en Estados Unidos) habían perseguido a caballo a un Pterodáctilo de unos 28 metros de largo. Lo describieron como un cocodrilo con alas, de cola muy larga y con la boca llena de filosos dientes.

Según se anunció en otro periódico, durante la guerra civil norteamericana habían sido derribados tres Pterodáctilos.

En la foto de arriba aparece un niño que sostiene un Pterodáctilo pequeño. Estas fotos han sido muy cuestionadas por los investigadores de fraudes; y aún no se conoce el veredicto de los especialistas acerca de si son falsas o auténticas.

Una prestigiosa empresa estadounidense afirma que se confeccionaron con un programa de computadora que sirve para retocar fotos, en este caso, encargadas por un programa de chistes de TV. Sean o no un fraude, ¡son increíbles! ¿Verdad?

EVOLUCIONISTAS VERSUS CREACIONISTAS

Según los científicos evolucionistas, los dinosaurios, los "terribles reptiles", gobernaron la tierra durante 140 millones de años y se extinguieron o desaparecieron hace unos 65 millones de años. Esta teoría se basa en los análisis de fósiles desenterrados, y también en los estudios de las capas de la superficie del planeta, que sirven para determinar estos tiempos tan prolongados.

Sin embargo, los científicos creacionistas, otra rama de la ciencia, tienen una visión diferente de la historia. Sus creencias provienen de la Biblia. Por ejemplo, en el libro del Génesis, la Biblia narra cómo Dios creó el universo, las estrellas, la luna, el sol, las plantas, el planeta, los animales y la humanidad, como Adán y Eva. Entonces, según los cálculos de esos años, los creacionistas llegan a la conclusión de que, desde la creación del planeta, de los animales (incluidos los dinosaurios) y de la humanidad, solo han pasado unos miles de años. Esto se llama cronología bíblica y puede verificarse sumando todos los años que la Biblia menciona desde los primeros siete días de la creación y el número de años que vivieron todos los hijos de Adán y Eva hasta nuestros días, incluidos los 2000 años transcurridos desde el tiempo de Jesucristo.

Por el contrario, los evolucionistas afirman que el desarrollo de los dinosaurios llevó millones de años para llegar a dar a luz animales más modernos: sostienen, por ejemplo, que los anfibios se convirtieron en reptiles. Sin embargo, hasta el presente no se han podido encontrar evidencias de los animales que existieron entre un estadio y otro, es decir, del cambio de forma de anfibio a reptil. Hasta ahora, los fósiles encontrados y exhibidos en los museos corresponden a dinosaurios y no a esos eslabones perdidos.

Mapa de África donde se indica el área de avistamiento del Moleke-mbembe.

Una persona junto al dinosaurio, según la descripción de los indígenas del lugar.

EL DOCTOR OWEN FUE QUIEN INVENTÓ LA PALABRA DINOSAURIO

Hasta 1820, no existían estudios sobre dinosaurios, ni siquiera el término "dinosaurio" era una palabra conocida. Fue el doctor inglés Gideon Mantell quien encontró en una cantera de piedras unos dientes y huesos de un tipo de reptil jamás visto.

Para 1841 ya habían sido encontrados restos de nueve tipos de reptiles, entre ellos, el Megalosaurio y el Iguanadón. En aquel tiempo, el doctor Richard Owen, un científico creacionista, acuñó la palabra "dinosaurio", que significa "terrible reptil", para designar a los animales a los que pertenecían los restos encontrados.

EL ENIGMA DEL MOLEKE-MBE MBE

En el siglo XVIII, comenzaron a circular extraños informes acerca de dinosaurios vivos en África, más precisamente en los ríos Congo y Zambeze. Los indígenas del lugar afirmaban haber tenido encuentros en estos lugares con animales gigantescos cuya descripción concuerda con la de los dinosaurios saurópodos.

El más famoso ejemplar descripto fue bautizado Moleke-mbembe, que significa "el que detiene los ríos".

CAPÍTULO 6
ESCENARIOS PREHISTÓRICOS

En este capítulo te mostraré cómo, a partir del dibujo de varios animales, personajes y un fondo, puedes construir escenarios de la prehistoria espectaculares. En el primer escenario, solo aparecen dinosaurios. En el segundo, avanzamos un poco en la historia y llegamos a la Edad de Hielo para ver a los primeros humanos en una cacería de mamuts.

ESCENARIO 1: DINOSAURIOS EN ACCIÓN

Para el primer ejemplo, he elegido tres dinosaurios de los ejercicios de este libro: un T-Rex, un Pterodáctilo y un Braquiosaurio. Además, presento un paisaje que sirve para insertar los tres dinosaurios.
La escena muestra al T-Rex acercándose al Braquiosaurio, mientras una bandada de Pterodáctilos sobrevuela el área en un clima de atardecer entre conjuntos rocosos y la selva ancestral.
La selección realizada de estos dinosaurios da una idea de su ubicación geográfica y temporal y de cómo se relacionaban entre sí, por lo que se conoce acerca de sus hábitos de vida.

DIBUJO DEL PAISAJE

1- Para crear el paisaje debes ubicar, primero, una línea de horizonte (la línea roja del esquema) y, luego, hacer un boceto de la idea con lápiz.

2- Después, agrega los planos del fondo del paisaje: en este caso, montículos rocosos característicos del período terrestre en que vivieron los dinosaurios, y el cielo, que muestra nubes típicas de la hora del atardecer.

Línea de horizonte

3- En el plano intermedio (o segundo plano) está el terreno donde se mueve el T-Rex. Desde allí emerge un follaje espeso como el de la entrada a una selva. Ese follaje se extiende hacia adelante con varias plantas selváticas tipo palmeras o plantas de grandes hojas, que forman parte del primer plano.

Este escenario tiene tres planos: un fondo (gris oscuro), un plano intermedio (gris claro) y un primer plano (negro).

ES IMPORTANTE HACER EL BOCETO O DIBUJO EN UN PAPEL MÁS GRANDE QUE EL HABITUAL, Y TAMBIÉN CALCULAR LAS PROPORCIONES DE LOS DINOSAURIOS, PARA PODER UBICARLOS EN LA ESCENA SIN INCONVENIENTES. EN ESTE EJEMPLO, EN UN PRIMER PLANO ESTÁ EL SAURIO DE MAYOR TAMAÑO. EN EL PLANO INTERMEDIO, EN EL TERRENO, ESTÁ, UN POCO MÁS PEQUEÑO, EL T-REX. EN EL FONDO, EL CIELO, VUELA EL PTERODÁCTILO, Y PARA DAR IDEA DE UNA BANDADA, LOS QUE LO ACOMPAÑAN SON LOS MISMOS PTERODÁCTILOS –EN TAMAÑOS MÁS PEQUEÑOS–, QUE VUELAN DETRÁS DEL PRIMERO SOBRE EL PAISAJE ROCOSO.

4- Ya pensada la ubicación, puedes dibujar los dinosaurios. Y una vez listos estos, debes reducirlos al tamaño exacto de cada uno por separado. Esa reducción puede realizarse tanto con una fotocopiadora como en la computadora.

Si trabajas con la mesa de transparencia, debes ubicar primero la hoja con el dibujo del paisaje, y luego superponer los dibujos en línea de cada animal prehistórico que incluirás en él. Finalmente, coloca un papel del tamaño del fondo sobre todo el montaje y calca el escenario completo.

NOTA

Recuerda que las líneas del fondo no deben pasar por encima de los dinosaurios.

5- Ya pasado el dibujo a lápiz, puedes repasarlo con microfibras de varias medidas. Usa las más finas (0,3 milímetros, por ejemplo) para el plano del fondo; las medianas, para el plano intermedio (0,5 milímetros), y todo lo que está en primer plano puedes repasarlo con un grosor mayor (0,8 milímetros, por ejemplo). Después, si quieres, puedes pintar todo con lápices de colores, acuarelas o en la computadora.

Es importante que tengas criterio estético de lo que estás haciendo. Lógicamente, debes ensayar muchas veces estos ejercicios y realizar muchos montajes hasta que los dibujos queden bien y te sientas conforme con ellos.

EN EL PRÓXIMO EJERCICIO DE ESTE CAPÍTULO, TE MOSTRARÉ CÓMO CONSTRUIR UN ESCENARIO DE LA EDAD DE HIELO, CON MAMUTS Y HOMBRES DE LAS CAVERNAS CAZADORES.

ESCENARIO 2: CACERÍA DE MAMUTS

LA ESCENA MUESTRA A DOS MAMUTS SORPRENDIDOS POR TRES CAZADORES ARMADOS CON LANZAS CONFECCIONADAS POR ELLOS MISMOS CON TRENZAS DE CUERO, PALOS Y PIEDRAS, Y PROTEGIDOS POR EL BRUJO DE LA TRIBU. COMO LOS ANIMALES ERAN CONSIDERADOS MÁGICOS, SE UTILIZABA TODO DE SU CUERPO: LA CARNE, LA PIEL Y LOS HUESOS. POR ELLO, EL BRUJO SE CONFECCIONABA UN ATUENDO CON LA PIEL Y LOS HUESOS DE LA PRESA, CON LA INTENCIÓN DE CONSERVAR EL PODER DEL ANIMAL CAZADO.

LOS BOCETOS

Es muy importante "soltar la mano" para realizar los bocetos. Partiendo del dibujo de esqueletos, puedes construir personajes y animales. El boceto muestra la idea del dibujo que se realizará sobre él. Además, al soltar el trazo y dibujar con mayor velocidad, aparecen líneas muy interesantes que deben aprovecharse en el dibujo final. Esta página muestra varios bocetos de humanos de la época de las cavernas.

DOCUMENTACIÓN:

Como ya dijimos, la documentación es fundamental en la profesión del dibujante. Para realizar estos dibujos me basé en fotografías y filmaciones de temas prehistóricos que se encuentran en museos y en bibliografía relacionada.

En el caso de los seres humanos, las posturas pueden dibujarse a partir de imágenes de personas en movimiento. Por ejemplo, una foto de un jugador de rugby puede ser transformada, al dibujarla, en este cavernícola a punto de lanzar su arma (abajo).

LOS PERSONAJES

Aquí tienes todos los personajes de la escena que, cual actores, llevarán a cabo la representación:

Un brujo de la tribu prehistórica, con su atuendo de piel de ciervo, cornamenta y collar con dientes de animales feroces, que sostiene un báculo de madera.

Tres cazadores con sus atuendos de pieles y sus lanzas con puntas de piedra.

Dos mamuts que, al emigrar a una zona más cálida, se encuentran con los aguerridos cazadores.

En las siguientes páginas, te enseñaré cómo dibujar cada uno de estos actores para que luego puedas construir la escena de Cacería de mamuts.

BRUJO

CAZADOR 1

CAZADOR 2

CAZADOR 3

MAMUT 1

MAMUT 2

DOCUMENTACIÓN:

Para realizar un buen dibujo, debes buscar, en este caso, mucha información acerca de cavernícolas en revistas, libros, películas, Internet, y otros medios de los que dispongas. Por ejemplo, cómo era su ropa, qué armas usaban, dónde vivían, etc. De este modo, ¡el dibujo será mucho más convincente!

CÓMO DIBUJAR AL CAZADOR 1

1 A partir del dibujo del esqueleto, boceta el personaje del Cazador 1. Como puedes observar, la lanza en diagonal permite ubicar los brazos, y la línea eje de la espalda está levemente curvada hacia atrás para darle dinamismo y tensión en la postura corporal. Esta tensión continúa, además, en la pierna doblada hacia adelante, como apoyo del peso del cuerpo, junto con la pierna estirada hacia atrás, que equilibra la postura de la espalda.

2 En este esquema, puedes ver con claridad los círculos de la cabeza y de las articulaciones y, también, coloreados, los volúmenes del cuerpo.
Abajo están los colores que indican cada parte del esquema:

Dibujo en lápiz celeste

Dibujo del esqueleto en lápiz negro

Cabeza, manos, pies y articulaciones

Volúmenes corporales

3 En este esquema están resaltadas las líneas del dibujo del Cazador 1 y, en forma suave, el esqueleto que le da estructura al cuerpo.

Como puedes ver, las líneas negras de la silueta son simples, pero marcan los detalles necesarios para sugerir la indumentaria, cabellera y lanza con punta de piedra.

4 A partir del dibujo de línea ya terminado, aquí tienes una versión coloreada del Cazador 1. Los colores amarronados de la indumentaria sugieren piel de animal.

Si has comprendido y realizado el dibujo del Cazador 1, puedes pintarlo con lápices de colores, acuarelas o escanearlo para colorearlo luego en la computadora. Para ello, sigue los pasos del capítulo "Coloreado en computadora", de mi libro *Cómo dibujar Personajes Mágicos.*

CÓMO DIBUJAR AL CAZADOR 2

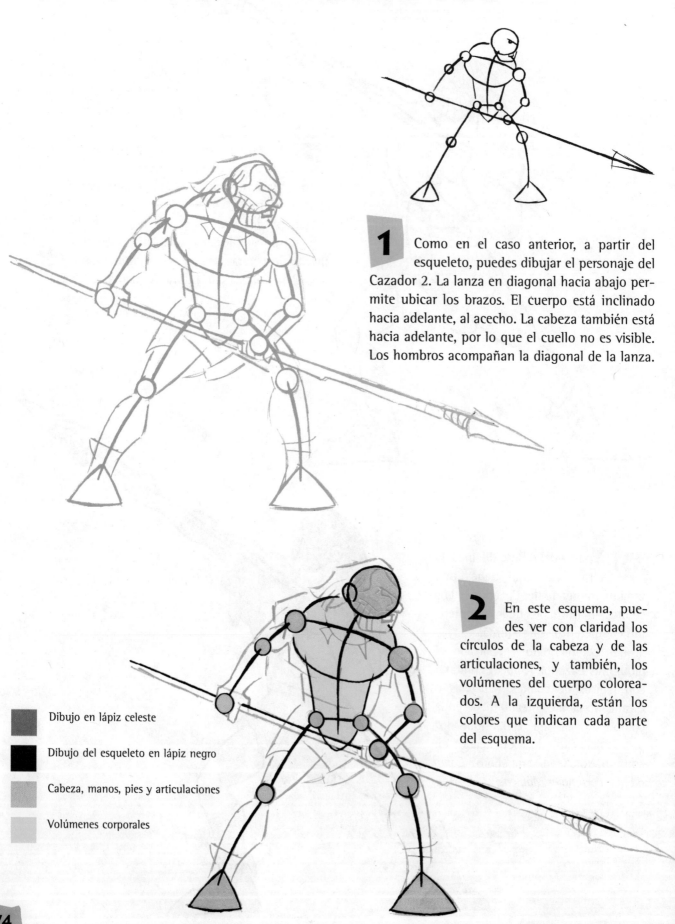

1 Como en el caso anterior, a partir del esqueleto, puedes dibujar el personaje del Cazador 2. La lanza en diagonal hacia abajo permite ubicar los brazos. El cuerpo está inclinado hacia adelante, al acecho. La cabeza también está hacia adelante, por lo que el cuello no es visible. Los hombros acompañan la diagonal de la lanza.

2 En este esquema, puedes ver con claridad los círculos de la cabeza y de las articulaciones, y también, los volúmenes del cuerpo coloreados. A la izquierda, están los colores que indican cada parte del esquema.

Dibujo en lápiz celeste

Dibujo del esqueleto en lápiz negro

Cabeza, manos, pies y articulaciones

Volúmenes corporales

3 En esta imagen, están resaltadas las líneas del dibujo del Cazador 2 y, en forma suave, el esqueleto que le da estructura al cuerpo. Como puedes ver, las líneas negras de la silueta son simples, y se brindan los detalles necesarios para sugerir la indumentaria, la cabellera y la lanza con punta de piedra.

4 Aquí tienes una versión coloreada del Cazador 2.
Si has seguido todos los pasos y realizado el dibujo del Cazador 2, ahora puedes pintarlo tú también con lápices de colores, acuarelas o escanearlo para colorearlo luego en la computadora.

CÓMO DIBUJAR AL CAZADOR 3

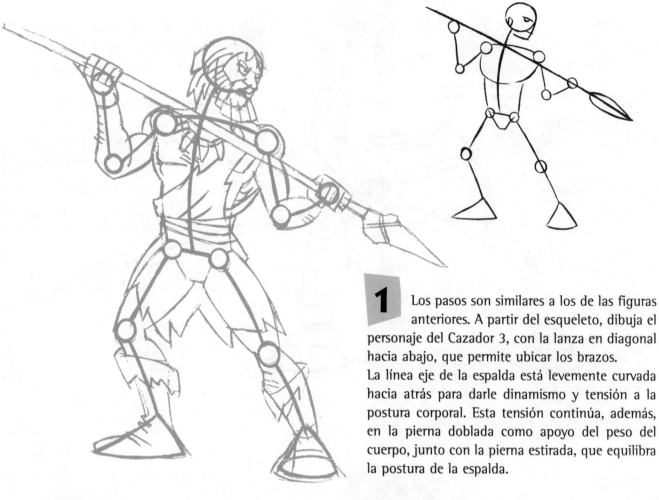

1 Los pasos son similares a los de las figuras anteriores. A partir del esqueleto, dibuja el personaje del Cazador 3, con la lanza en diagonal hacia abajo, que permite ubicar los brazos.

La línea eje de la espalda está levemente curvada hacia atrás para darle dinamismo y tensión a la postura corporal. Esta tensión continúa, además, en la pierna doblada como apoyo del peso del cuerpo, junto con la pierna estirada, que equilibra la postura de la espalda.

2 En este esquema, puedes ver con claridad los círculos de la cabeza y de las articulaciones y los volúmenes del cuerpo coloreados. Abajo están los colores que indican cada parte del esquema:

Dibujo en lápiz celeste

Dibujo del esqueleto en lápiz negro

Cabeza, manos, pies y articulaciones

Volúmenes corporales

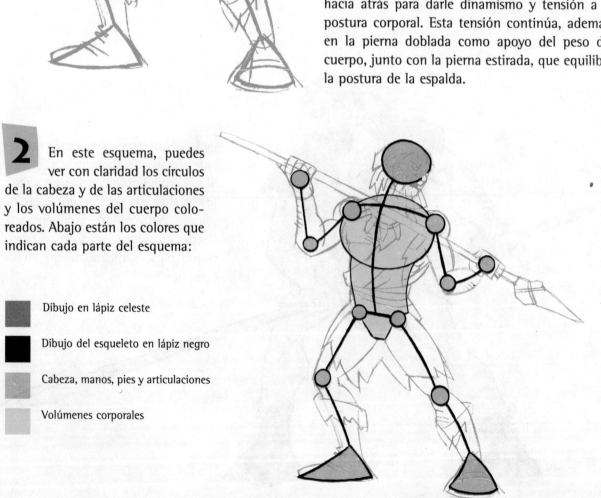

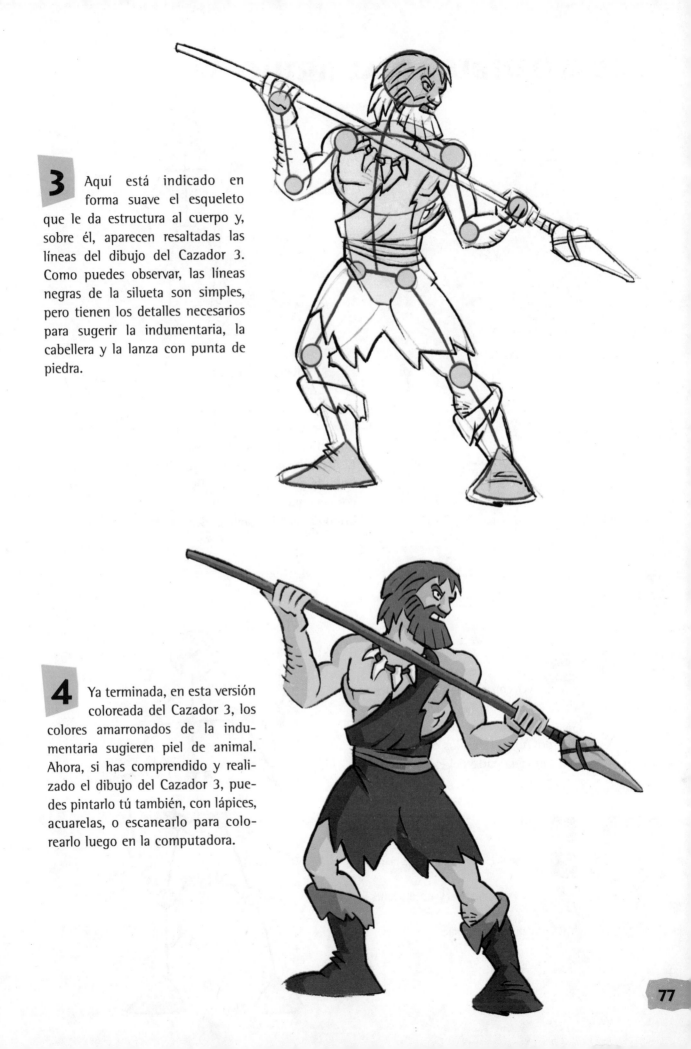

3 Aquí está indicado en forma suave el esqueleto que le da estructura al cuerpo y, sobre él, aparecen resaltadas las líneas del dibujo del Cazador 3. Como puedes observar, las líneas negras de la silueta son simples, pero tienen los detalles necesarios para sugerir la indumentaria, la cabellera y la lanza con punta de piedra.

4 Ya terminada, en esta versión coloreada del Cazador 3, los colores amarronados de la indumentaria sugieren piel de animal. Ahora, si has comprendido y realizado el dibujo del Cazador 3, puedes pintarlo tú también, con lápices, acuarelas, o escanearlo para colorearlo luego en la computadora.

CÓMO DIBUJAR AL BRUJO

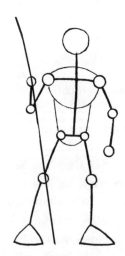

1 Puedes representar al Brujo a partir del dibujo del esqueleto. Su postura es firme y se sostiene por la vertical del mismo esqueleto. Las piernas separadas y la expresión del rostro muestran fortaleza y severidad.

El brazo izquierdo sostiene un báculo como símbolo de poder espiritual. De la cabeza emerge la cornamenta de ciervo, que indica que se trata del brujo de la tribu prehistórica.

2 En este esquema, puedes ver con claridad los círculos de la cabeza y de las articulaciones, y, coloreados, los volúmenes del cuerpo. Abajo están los colores que indican cada parte del esquema:

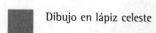

Dibujo en lápiz celeste

Dibujo del esqueleto en lápiz negro

Cabeza, manos, pies y articulaciones

Volúmenes corporales

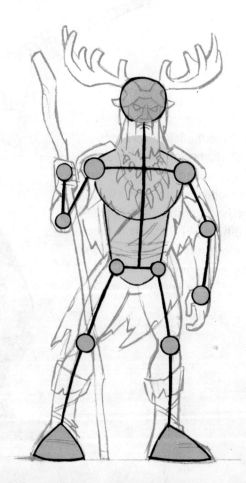

3 En esta figura aparecen resaltadas las líneas del dibujo del Brujo y, en forma suave, el esqueleto que le da estructura al cuerpo. Como puedes ver, las líneas negras de la silueta son simples y tienen los detalles necesarios para sugerir la indumentaria, la cabellera y el báculo.

4 A partir del dibujo de línea ya terminado, puedes ver una versión coloreada del Brujo. Los colores amarronados de la indumentaria sugieren piel de animal. Si has comprendido y realizado este dibujo, puedes pintarlo tú también con lápices de colores, acuarelas, o escanearlo para colorearlo luego en la computadora.

CÓMO DIBUJAR EL MAMUT 1

1 Con lápiz celeste, dibuja primero el esqueleto y los volúmenes principales del cuerpo del mamut según las pautas del esquema. Estudia cómo se eleva la trompa en relación con los colmillos, y cómo la estructura de las patas delanteras muestra el peso del animal.

2 Sobre el dibujo en celeste, marca con lápiz negro los detalles según el esquema. Advierte cómo están dibujados el pelaje, los colmillos, la trompa y las patas.

3 En este paso, observa atentamente las líneas de lápiz para poder copiar el dibujo.

4 En este esquema, puedes ver el dibujo con sombreados a partir del dibujo de líneas a lápiz (paso 3). Las sombras recorren los volúmenes y hacen que la figura cobre profundidad en el espacio.

5 El último paso te muestra el dibujo a línea del paso 3 coloreado según el boceto del paso 4. De esta manera, puedes notar la importancia de realizar un estudio completo de los personajes que dibujarás, hasta su acabado en el color definitivo. ¡Cuidado con los colmillos!

CÓMO DIBUJAR EL MAMUT 2

1 Primero dibuja con lápiz celeste el esqueleto y los volúmenes principales del cuerpo del mamut según el esquema. Observa la estructura de las patas delanteras, que muestra el peso del animal.

2 Sobre el dibujo en celeste, marca con lápiz negro los detalles según el esquema. Presta especial atención al pelaje, los colmillos, la trompa y las patas.

3 En este paso, puedes ver perfectamente las líneas de lápiz para poder copiar el dibujo.

4 Este esquema presenta al mamut con sombreados a partir del dibujo de líneas a lápiz (paso 3). Las sombras recorren los volúmenes, lo que hace que la figura cobre profundidad en el espacio.

5 En el último paso, te muestro el dibujo a línea del paso 3 coloreado según el boceto del paso 4. De esta manera, puedes apreciar la importancia de realizar un estudio completo de los personajes que dibujarás, hasta su acabado en el color definitivo.

¿LOS DRAGONES ERAN DINOSAURIOS?

Para los creacionistas, los dragones mencionados en varias partes de la Biblia, en los cuentos de hadas y en las leyendas medievales eran en verdad dinosaurios que coexistieron con los pueblos de cada época. Como la palabra "dinosaurio" recién fue acuñada en 1840, para los antiguos estos reptiles eran dragones.

Existen muchos libros antiguos con detalladas descripciones de los dragones y sus encuentros con los humanos. Según los creacionistas, los retratos de estas obras concuerdan perfectamente con la imagen del Tiranosaurio y de otros gigantes prehistóricos.

Lógicamente, los evolucionistas no validan estas evidencias. Para ellos, los dragones forman parte de la mitología y la fantasía de los cuentos de hadas. Los humanos jamás podrían haber vivido junto a los dinosaurios.

¿POR QUÉ SE EXTINGUIERON O DESAPARECIERON?

Los evolucionistas no han podido decir por qué motivo los dinosaurios desaparecieron repentinamente de la faz del planeta hace 65 millones de años. En cambio, los creacionistas responden a esto explicando que, durante el diluvio universal, todo pereció: humanos, animales y todos los demás seres vivos, a excepción de los ejemplares que Noé colocó dentro del arca, de acuerdo con el mandato de Dios.

Entonces, según esta versión, pocos dinosaurios, pero de gran variedad, junto con los demás animales, poblaron nuevamente el mundo. Sin embargo, no hubo alimento para que todas las especies crecieran suficientemente. Las catástrofes asolaron la tierra, y el hombre mismo se hizo nuevamente depredador. Los dragones-dinosaurios fueron perseguidos, cazados, y muy pocos sobrevivieron.

Es por eso que, poco a poco, los dinosaurios desaparecieron, tal como viene ocurriendo con muchas especies de animales, que al parecer estarían destinadas a la extinción. De todos modos, algunos científicos creacionistas sostienen que unos pocos dinosaurios pudieron sobrevivir en selvas remotas, como el caso del dinosaurio Moleke-mbembe de África.

ALGUNAS LEYENDAS DE DRAGONES-DINOSAURIOS

La leyenda babilónica de Gilgamesh cuenta que este héroe mató, en un bosque de cedros, a un monstruo con el aspecto de un reptil gigante llamado Kumbaba.

Los primeros relatos primitivos de los bretones de Gales, tres siglos después de Cristo, también hablan de la existencia de grandes reptiles y de cómo uno de ellos devoró al rey Morvidus. Narran, además, que el monarca Peredur logró matar a uno de estos ejemplares, llamado Llyn Lion, en Gales.

El poema favorito de J. R. R. Tolkien –el autor de la trilogía *El señor de los anillos*–, *Beowulf*, es un relato escandinavo que describe cómo Peredur mató al monstruo Grendel y a su madre, junto con otros reptiles marinos. Finalmente, encontró la muerte a los 88 años al tratar de matar a un reptil volador. También está la historia medieval de Sigfrido, el héroe de los antiguos teutones (germanos), quien mató al reptil-dragón Fafnir.

Antigua pintura de la zona del Mediterráneo que muestra una cacería de dragón.

Reptil conocido como dragón de Komodo: ¿un descendiente de los dragones-dinosaurios?

DINO GALERIA

LOS ANIMALES MÁS FANTÁSTICOS DE LA PREHISTORIA

¡Bienvenido a la DinoGalería! Paso a paso te explicaré cómo dibujar estos increíbles animales con un método sencillo y eficaz. Cada lección consta de cuatro pasos que están pensados para ayudarte en tu tarea de dibujante. Recuerda que es conveniente, antes de comenzar con los primeros trazos, que realices los ejercicios de ablandamiento propuestos en la página 9 de este libro.

¡Ingresemos ya mismo en el misterioso universo de la prehistoria de la Tierra!

MESOSAURIO

ESTE PRIMITIVO REPTIL DEL PERÍODO CARBONÍFERO SUPERIOR TENÍA HÁBITOS ACUÁTICOS Y ERA PEQUEÑO: NO SUPERABA LOS SESENTA CENTÍMETROS DE LARGO. LA FORMA EXTENDIDA DE LA CABEZA Y SUS DIENTES FILOSOS SUGIEREN QUE SE ALIMENTABA DE PECES. LAS PATAS EN FORMA DE ALETAS CON DEDOS LE PERMITÍAN UNA GRAN MOVILIDAD PARA DESPLAZARSE EN EL LÍQUIDO ELEMENTO. AQUÍ TIENES UN EJEMPLAR RARO DE LOS PRIMEROS PARIENTES DE LOS DINOSAURIOS.

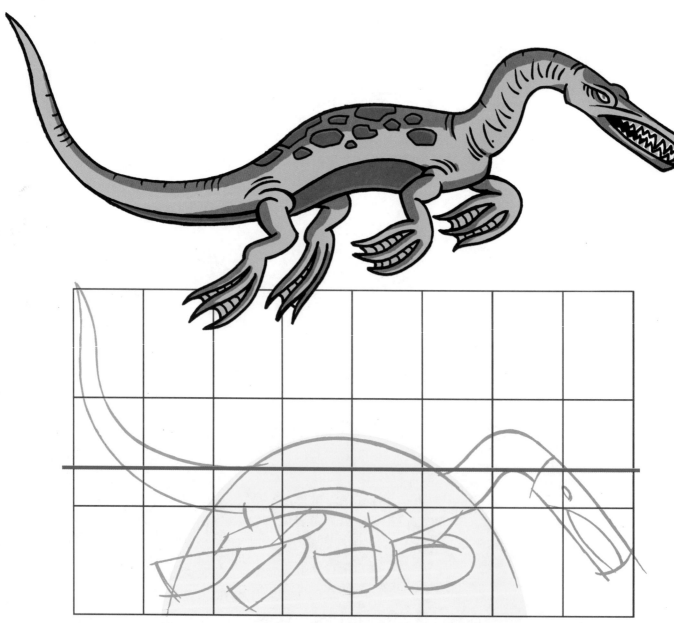

1 Con el lápiz celeste, traza las líneas indicadas en este esquema. Observa el semicírculo amarillo para orientarte en los primeros trazos del cuerpo y las patas, y conservar las proporciones de las diferentes partes del cuerpo. La línea roja horizontal te ayudará a ubicar dónde nacen la cola y el cuello en relación con la parte superior de su larga cabeza.

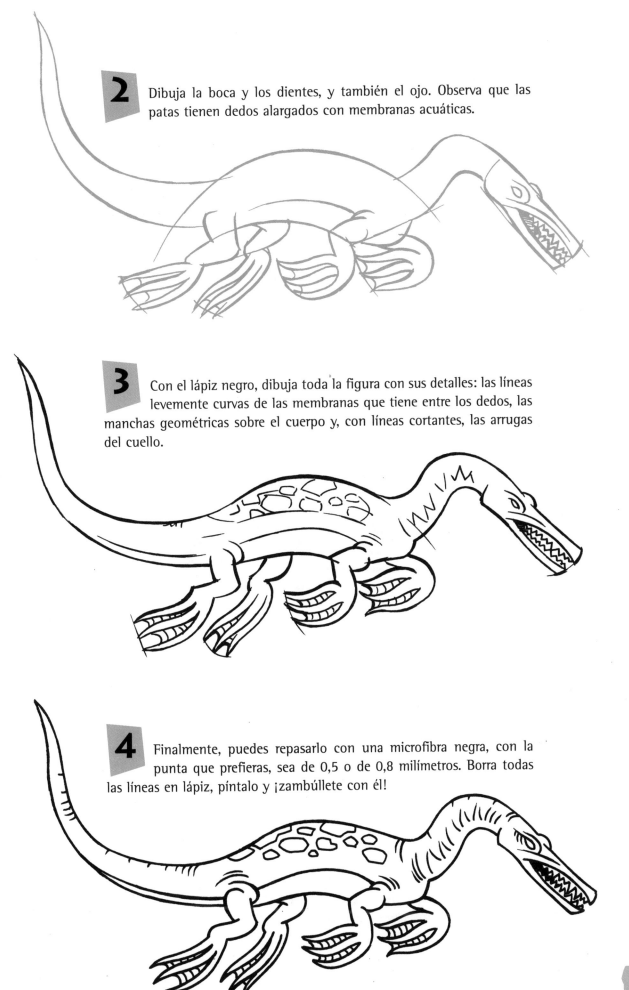

2 Dibuja la boca y los dientes, y también el ojo. Observa que las patas tienen dedos alargados con membranas acuáticas.

3 Con el lápiz negro, dibuja toda la figura con sus detalles: las líneas levemente curvas de las membranas que tiene entre los dedos, las manchas geométricas sobre el cuerpo y, con líneas cortantes, las arrugas del cuello.

4 Finalmente, puedes repasarlo con una microfibra negra, con la punta que prefieras, sea de 0,5 o de 0,8 milímetros. Borra todas las líneas en lápiz, píntalo y ¡zambúllete con él!

PLESIOSAURIO

ESTE HÚMEDO REPTIL VERTEBRADO DEL PERÍODO JURÁSICO MEDÍA UNOS TRES METROS DE LARGO Y GUSTABA DE NADAR EN LOS LAGOS PREHISTÓRICOS. SU LARGO Y FLEXIBLE CUELLO LANZABA SU CABEZA HACIA TODOS LADOS, DENTRO Y FUERA DEL AGUA, PARA CAPTURAR PECES, QUE ERAN SU PRINCIPAL ALIMENTO. HOY SE FABRICAN JUGUETES INFLABLES PARA NIÑOS CON SU GRACIOSA SILUETA. ¡VAMOS A DARNOS UN CHAPUZÓN MIENTRAS LO DIBUJAMOS!

1 Traza las líneas indicadas en este esquema, siempre con lápiz celeste. Observa el gran óvalo ama-rillo para dibujar su cuerpo redondeado. La línea roja diagonal A te ayudará a ubicar la aleta tra-sera, el cuello y la cabeza. Las marcaciones con pequeños círculos rojos te mostrarán el nacimiento de las aletas delanteras y traseras.

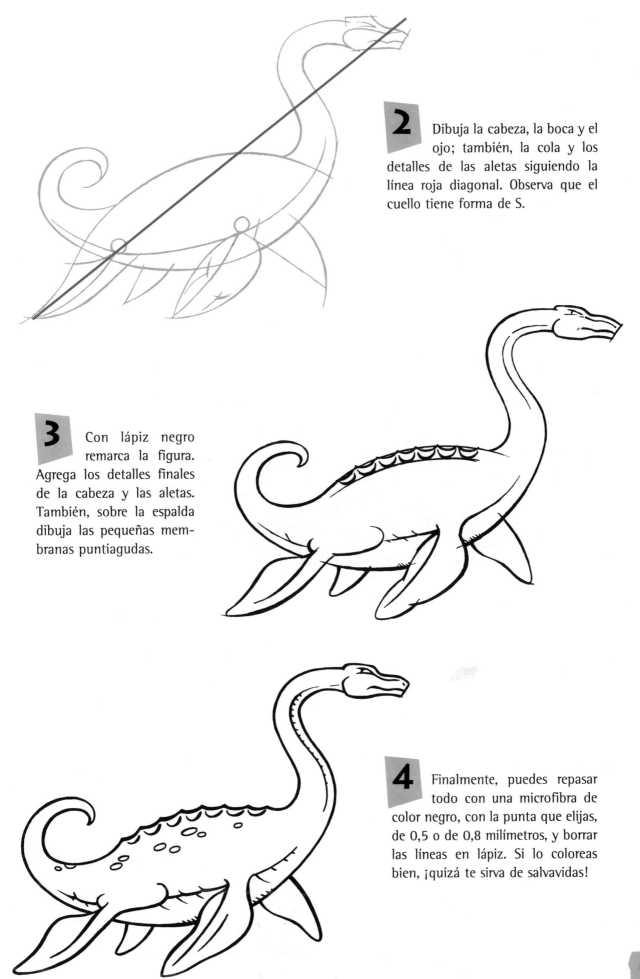

2 Dibuja la cabeza, la boca y el ojo; también, la cola y los detalles de las aletas siguiendo la línea roja diagonal. Observa que el cuello tiene forma de S.

3 Con lápiz negro remarca la figura. Agrega los detalles finales de la cabeza y las aletas. También, sobre la espalda dibuja las pequeñas membranas puntiagudas.

4 Finalmente, puedes repasar todo con una microfibra de color negro, con la punta que elijas, de 0,5 o de 0,8 milímetros, y borrar las líneas en lápiz. Si lo coloreas bien, ¡quizá te sirva de salvavidas!

DUNKLEOSTEUS

ESTE PEZ PODEROSO Y ENORME, DE 3,5 METROS DE LARGO, 300 KILOS DE PESO Y GRAN FEROCIDAD, VIVIÓ DURANTE EL PERÍODO DEVONIANO HACE UNOS 400 MILLONES DE AÑOS, SEGÚN LAS INVESTIGACIONES. GRAN PREDADOR DE LOS OCÉANOS, ATACABA A SUS PRESAS CON SU DENTADURA TREMENDA Y FILOSA. ¡TODA UNA PIRAÑA GIGANTE DE LA PREHISTORIA!

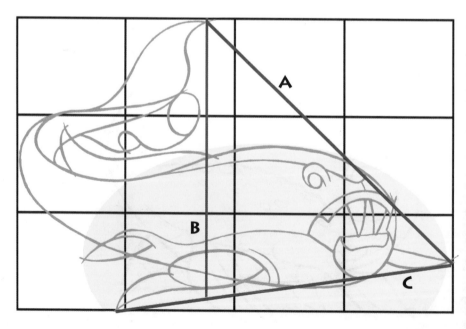

1 Comienza a dibujar con lápiz celeste y observa el óvalo amarillo para comprender las proporciones. La línea roja diagonal A, que comienza en la punta superior de la aleta de la cola, pasa por la cabeza y se conecta con la aleta lateral trasera, te ayudará a dibujar la curvatura del cuerpo. La diagonal C conecta ambas aletas laterales y sirve para apoyar el cuerpo. La vertical B conecta la punta de la aleta superior de la cola con la aleta dorsal y la aleta lateral frontal.

2 Dibuja todo el cuerpo ubicando las aletas laterales, dorsal y de la cola, y también el rostro feroz de este pez, con los ojos saltones y la boca abierta con grandes dientes. Incluye las líneas que recorren el cuerpo.

3 Con lápiz negro, repasa todo el dibujo, remarcando la figura del dinosaurio acuático. Termina los detalles de las aletas y las rayas ondulantes del cuerpo.

4 Finalmente, luego de completar todos los detalles, puedes repasar el dibujo con una microfibra color negro con la punta que prefieras, sea de 0,5 o de 0,8 milímetros. ¡A nadar velozmente!

ICTIOSAURIO

ESTE GRAN PEZ-REPTIL CARNÍVORO APARECIÓ DURANTE EL PERÍODO TRIÁSICO, FUE INVASOR DE LOS MARES Y RÍOS DURANTE EL JURÁSICO Y SE EXTINGUIÓ HACE UNOS 150 MILLONES DE AÑOS EN EL CRETÁCICO. PODÍA MEDIR DE 1 A 10 METROS DE LARGO. SE PARECÍA AL DELFÍN, CON OJOS MUY GRANDES Y UN LARGO HOCICO LLENO DE FILOSOS DIENTES. LUEGO DE UN RATO DE ONDULANTE NATACIÓN, EMERGÍA DE LAS AGUAS PARA RESPIRAR, YA QUE CARECÍA DE BRANQUIAS.
UNA DE SUS COMIDAS PREFERIDAS ERA ¡LA COPA DE CALAMARES!
SE HAN ENCONTRADO FÓSILES EN SUDAMÉRICA, ESPECIALMENTE EN COLOMBIA Y VENEZUELA. EL ICTIOSAURIO ES MENCIONADO JUNTO CON OTROS EN EL LIBRO **VIAJE AL CENTRO DE LA TIERRA**, DE JULIO VERNE, EN UNA TREMENDA BATALLA ACUÁTICA CON UN PLESIOSAURIO.

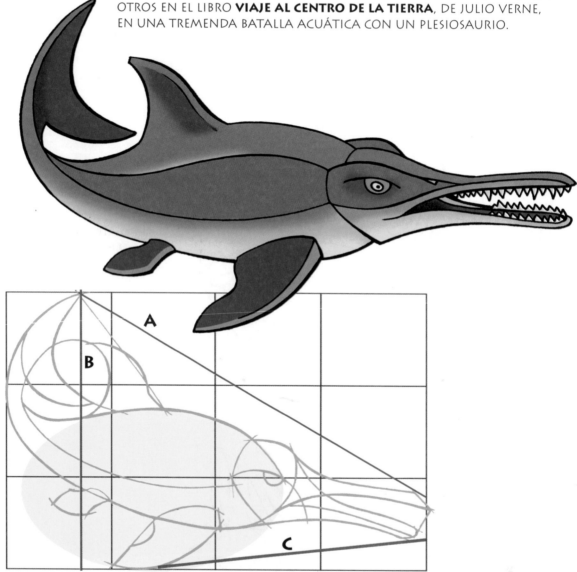

1 Comienza dibujando con lápiz celeste. Observa el óvalo amarillo para comprender las proporciones del cuerpo de este pez prehistórico. La línea diagonal roja A, que va desde la punta de la aleta superior de la cola hasta la trompa, te ayudará a dibujar la curvatura del cuerpo y ubicar esas partes. La línea vertical B conecta la punta de la aleta superior de la cola con la aleta inferior lateral y cae cerca de la aleta mayor lateral. La diagonal C, que conecta la aleta lateral superior con la parte inferior de la trompa, te servirá para mantener las proporciones de la cabeza y el cuerpo.

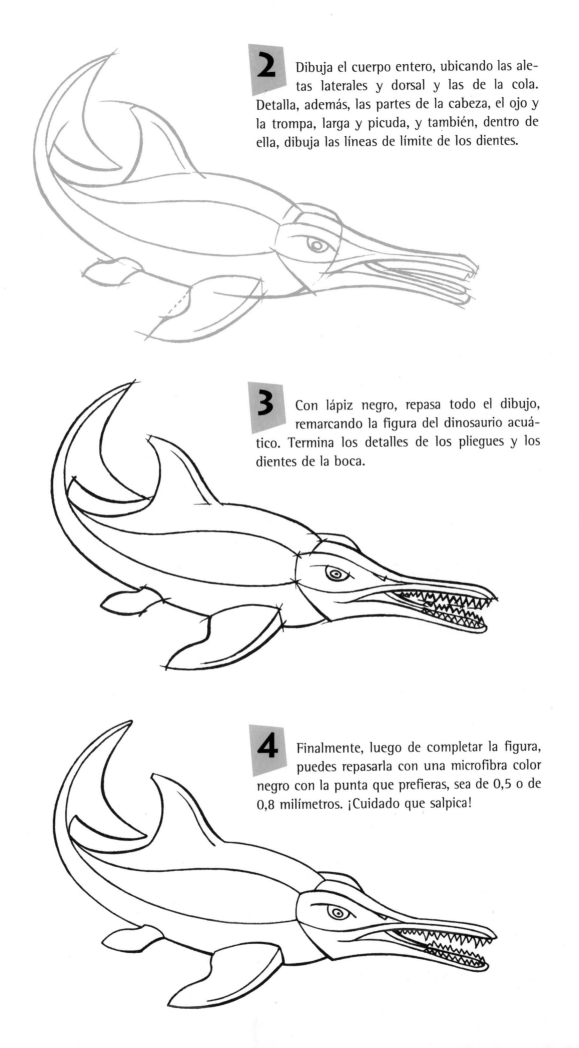

2 Dibuja el cuerpo entero, ubicando las aletas laterales y dorsal y las de la cola. Detalla, además, las partes de la cabeza, el ojo y la trompa, larga y picuda, y también, dentro de ella, dibuja las líneas de límite de los dientes.

3 Con lápiz negro, repasa todo el dibujo, remarcando la figura del dinosaurio acuático. Termina los detalles de los pliegues y los dientes de la boca.

4 Finalmente, luego de completar la figura, puedes repasarla con una microfibra color negro con la punta que prefieras, sea de 0,5 o de 0,8 milímetros. ¡Cuidado que salpica!

EDAFOSAURIO

SE TRATABA DE UNA ESPECIE DE PELICOSAURIO HERBÍVORO DE UN METRO OCHENTA DE LARGO QUE SE DESPLAZABA AL RAS DEL SUELO CON SUS CORTAS PATAS Y TENÍA UNA GRAN ALETA FORMADA POR PELOS VERTEBRALES. NO SE SABE A CIENCIA CIERTA EL PORQUÉ DE ESTA CARACTERÍSTICA; ALGUNOS SUPONEN QUE LE SERVÍA DE VELA CUANDO SE LANZABA A LAS AGUAS. QUIZÁ LOS EDAFOSAURIOS SE DEDICABAN A CORRER REGATAS. ¡JE!

1 Comienza el dibujo con el lápiz celeste. Observa el círculo amarillo para conservar las proporciones y dibujar el cuerpo con la gran aleta membranosa y sus pelos vertebrales. Para ello, las líneas rojas que salen en abanico del punto A te ayudarán a hacer los trazos. Dibuja el lomo, la cola, las patas y la cabeza del animal en relación con la línea roja horizontal.

2 En este paso, completa la aleta con líneas curvas (como un paraguas). Traza la boca, el ojo y todas las líneas de la cola. Termina las patas delanteras y traseras siguiendo la línea roja horizontal.

3 Ahora, con lápiz negro, remarca la figura y agrega los detalles de la aleta y la cola. Completa las uñas de las patas y las marcas de la panza, el cuello y la mandíbula.

4 Por último, repasa el dibujo con un rotulador de color negro y elige la punta que te resulte mejor: de 0,5 o 0,8 milímetros. Borra las líneas en lápiz y ¡ponle bonitos colores!

PARASAURÓLOFO

ESTE SIMPÁTICO DINOSAURIO ANFIBIO APARECIÓ A FINALES DEL PERÍODO CRETÁCICO. DE UNOS DIEZ METROS DE LARGO, ANTECESOR DE LOS ACUANAUTAS ACTUALES, PODÍA SUMERGIRSE EN LAS AGUAS Y RESPIRAR A TRAVÉS DE UN TUBO QUE SOBRESALÍA DE SU CABEZA. SE HAN ENCONTRADO RESTOS DE ÉL EN AMÉRICA DEL NORTE.

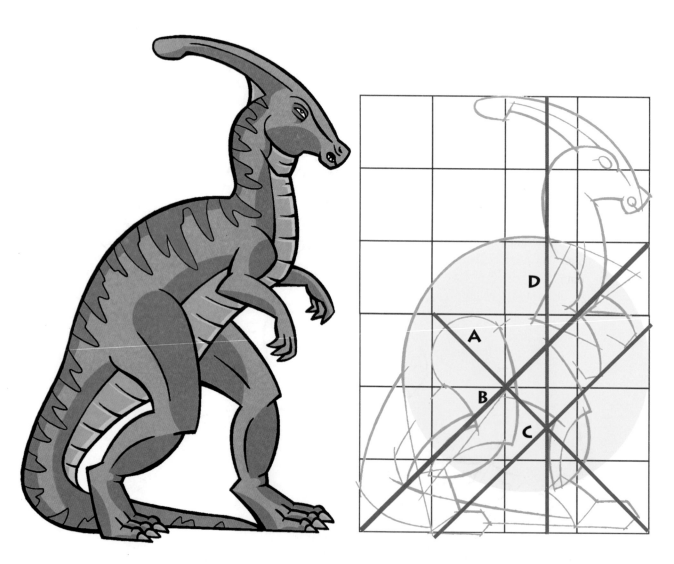

1 Al inicio, dibuja con lápiz celeste. Como es habitual, observa el círculo amarillo para las proporciones del cuerpo. La línea roja vertical D te ayudará a ubicar las patas traseras y delanteras, el cuello y la cabeza. La línea roja diagonal A también te servirá en el trazado de las patas traseras. Las líneas diagonales y paralelas B y C te darán la inclinación de estas patas con relación a las garras del animal, el tórax y la cola.

2 Dibuja la cabeza, el ojo y la boca siguiendo las líneas curvas propuestas. Observa el ángulo marcado con líneas rojas para trazar las patas delanteras. Fíjate bien en la estructura y la musculatura de las patas traseras dibujadas con líneas curvas que se entrelazan.

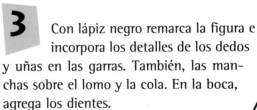

3 Con lápiz negro remarca la figura e incorpora los detalles de los dedos y uñas en las garras. También, las manchas sobre el lomo y la cola. En la boca, agrega los dientes.

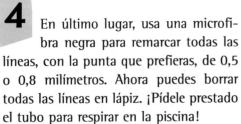

4 En último lugar, usa una microfibra negra para remarcar todas las líneas, con la punta que prefieras, de 0,5 o 0,8 milímetros. Ahora puedes borrar todas las líneas en lápiz. ¡Pídele prestado el tubo para respirar en la piscina!

BRAQUIOSAURIO

ES UNO DE LOS DINOSAURIOS GIGANTES MÁS PESADOS QUE HABÍA SOBRE LA TIERRA EN LA PREHISTORIA: ¡NADA MENOS QUE OCHENTA TONELADAS, EL ANIMALITO! MEDÍA UNOS DOCE METROS DE ALTURA. LUEGO DE UTILIZAR SU BUEN OLFATO, SU LARGO CUELLO LE PERMITÍA COMER FRUTOS Y VEGETALES DE LAS COPAS DE LOS ÁRBOLES ALTOS CON SUS LINDOS DIENTECITOS.

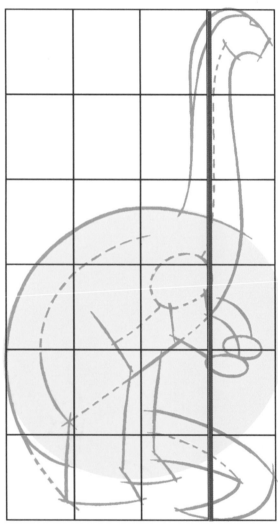

1 Para comenzar, usa el lápiz celeste. Presta atención al círculo amarillo para mantener las proporciones y a la línea roja vertical para dibujar el largo cuello. Traza las líneas que serán las patas traseras y delanteras según las líneas punteadas del cuerpo redondeado.

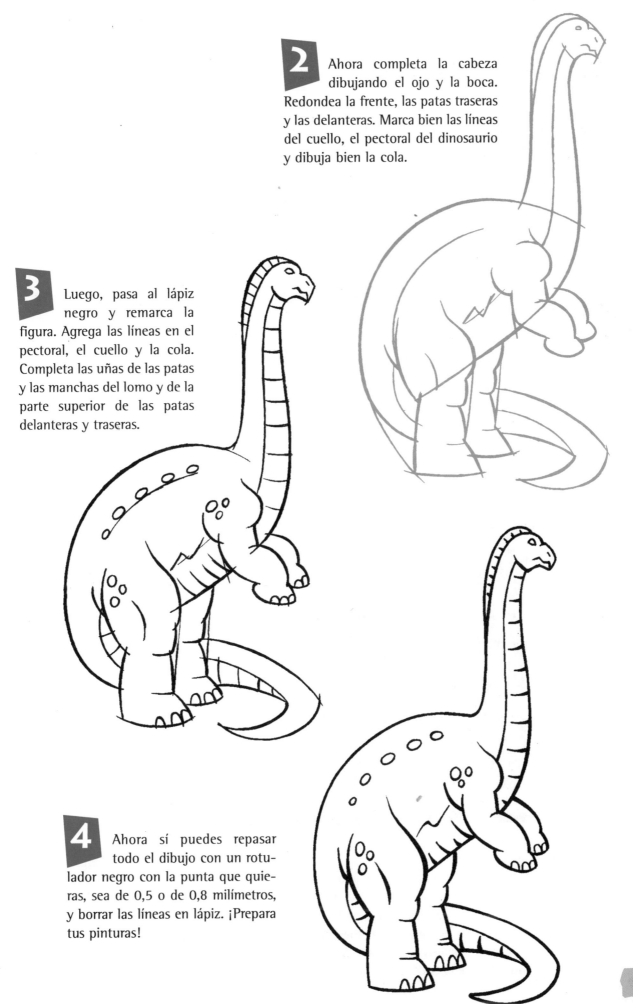

2 Ahora completa la cabeza dibujando el ojo y la boca. Redondea la frente, las patas traseras y las delanteras. Marca bien las líneas del cuello, el pectoral del dinosaurio y dibuja bien la cola.

3 Luego, pasa al lápiz negro y remarca la figura. Agrega las líneas en el pectoral, el cuello y la cola. Completa las uñas de las patas y las manchas del lomo y de la parte superior de las patas delanteras y traseras.

4 Ahora sí puedes repasar todo el dibujo con un rotulador negro con la punta que quieras, sea de 0,5 o de 0,8 milímetros, y borrar las líneas en lápiz. ¡Prepara tus pinturas!

BRONTOSAURIO

AQUÍ TENEMOS A UNO DE LOS MÁS GRANDES SAURÓPODOS DEL PERÍODO JURÁSICO. ¡MEDÍA UNOS VEINTICINCO METROS DE LARGO Y PESABA UNAS CUARENTA TONELADAS! LE GUSTABA HABITAR CON SU MANADA LOS HÚMEDOS PANTANOS Y LOS RÍOS, DONDE SE ALIMENTABA DE PLANTAS QUE ABUNDABAN EN ESOS LUGARES. SU LARGA COLA FUNCIONABA COMO UN LÁTIGO PARA AQUELLOS DINOSAURIOS RIVALES QUE SE PONÍAN MOLESTOS. SE HAN ENCONTRADO RESTOS EN EL OESTE NORTEAMERICANO, Y TAMBIÉN EN MONGOLIA Y ÁFRICA DEL SUR.

1 Comienza el dibujo, como es costumbre, con el lápiz celeste. Observa el círculo amarillo que rodea el cuerpo para guiarte en las proporciones. También hay un pequeño círculo amarillo en el cuello, de donde nace la cabeza. Las líneas rojas, en forma de flecha y de escuadra, te ayudarán, respectivamente, con la parte superior del lomo y el lugar del cuello y la cabeza. Ubica las patas torneadas por el peso de este gran dinosaurio. Dibuja la cola por detrás de las patas traseras.

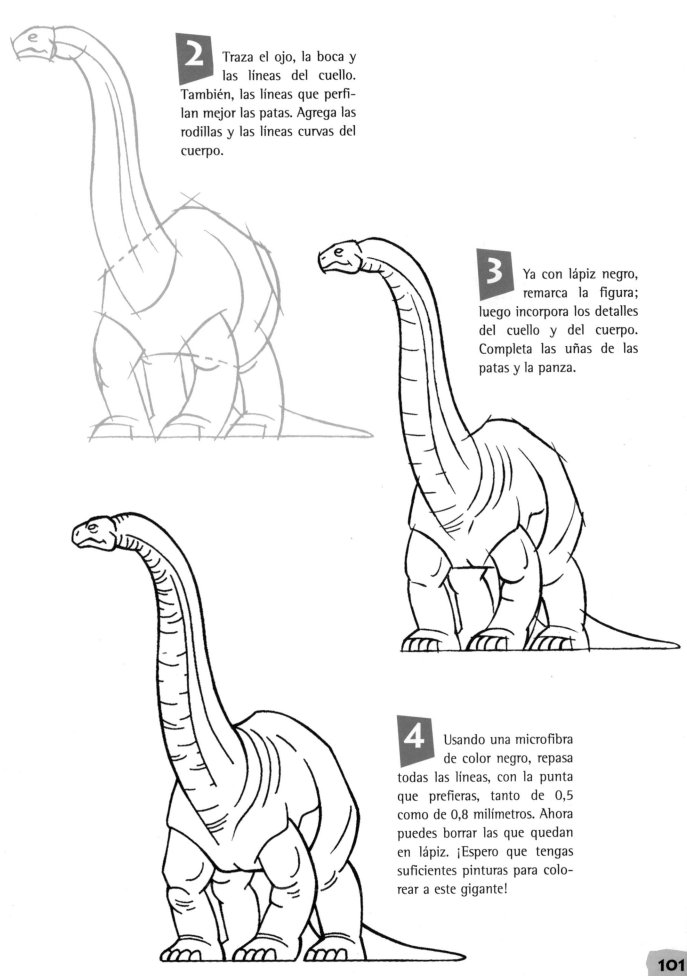

2 Traza el ojo, la boca y las líneas del cuello. También, las líneas que perfilan mejor las patas. Agrega las rodillas y las líneas curvas del cuerpo.

3 Ya con lápiz negro, remarca la figura; luego incorpora los detalles del cuello y del cuerpo. Completa las uñas de las patas y la panza.

4 Usando una microfibra de color negro, repasa todas las líneas, con la punta que prefieras, tanto de 0,5 como de 0,8 milímetros. Ahora puedes borrar las que quedan en lápiz. ¡Espero que tengas suficientes pinturas para colorear a este gigante!

ESTEGOSAURIO

ESTE LENTO DINOSAURIO HERBÍVORO MEDÍA UNOS NUEVE METROS DE LARGO Y PESABA UNAS DOS TONELADAS, PERO NO ERA MUY INTELIGENTE QUE DIGAMOS... ¡SU CEREBRO MEDÍA SOLAMENTE CINCO CENTÍMETROS! LOGRABA DEFENDERSE DE SUS ATACANTES BASTANTE BIEN CON LOS PODEROSOS HUESOS GEOMÉTRICOS Y PINCHUDOS DE SU GRUESA COLA Y ESPALDA. EXISTIÓ EN LOS FINALES DEL PERÍODO JURÁSICO Y DURANTE EL CRETÁCICO. SE HAN ENCONTRADO RESTOS DE ÉL EN AMÉRICA DEL NORTE.

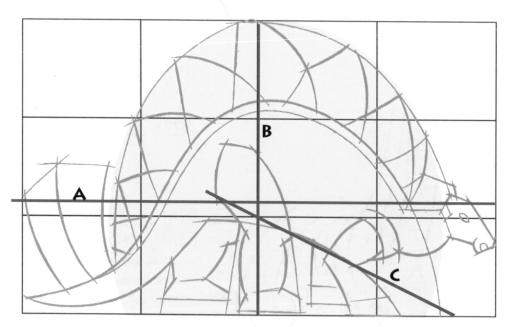

1 Empieza a dibujar con el lápiz celeste. Repara en el óvalo amarillo para guardar las proporciones del cuerpo. La línea roja horizontal A te ayudará a dibujar la cabeza en relación con los cuernos de la cola. La línea roja vertical B centrará la imagen para dibujar una de las patas traseras y la aleta más alta que sale del lomo. La línea diagonal C te permitirá dibujar la panza del animal en referencia a las patas.

2 Ahora, comienza a dibujar en detalle todas las partes del cuerpo, como las aletas, las líneas del lomo y los cuernos de la cola. Perfila bien las patas y los dedos; por último, traza las líneas de reptil en la panza y el cuello.

3 Con lápiz negro, remarca la figura; agrega los detalles de las aletas y las manchas del cuerpo. Completa los trazos de las uñas de las patas y la cabeza.

4 Ahora puedes repasar las líneas con la microfibra negra, con la punta de tu preferencia: de 0,5 o 0,8 milímetros. Luego de borrar los trazos en lápiz, ¡a pintar se ha dicho!

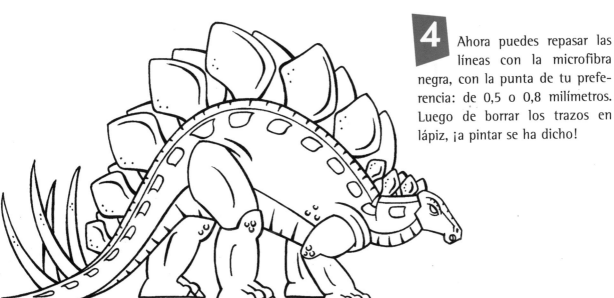

TRICERATOPS

ESTE DINOSAURIO MACIZO MEDÍA UNOS DIEZ METROS DE LARGO, Y DE SU GRAN CABEZA SALÍAN TRES CUERNOS: DE ALLÍ SU NOMBRE. A PESAR DE SU ASPECTO HOSTIL, CON UN RARO CAPARAZÓN ALREDEDOR DEL GRUESO CUELLO, SE ALIMENTABA DE TIERNAS PLANTITAS. ESTE ANIMALITO MANSO, POR ASÍ LLAMARLO, ERA MUY TRANQUILO MIENTRAS NO LO MOLESTARAN. PERO CUANDO MONTABA EN CÓLERA, ERA MEJOR SALIR CORRIENDO ANTES QUE SER ATRAVESADO POR SUS LARGOS Y FILOSOS CUERNOS. HOY NOS RECUERDA AL RINOCERONTE.

1 Empieza a dibujar con el lápiz celeste. Ten en cuenta el círculo amarillo para centrar el cuerpo. El óvalo amarillo de la derecha te ayudará a trazar la cabeza. La línea roja horizontal A te servirá para dibujar el tórax en relación con la cola. La línea roja vertical B te guiará para trazar la pata trasera y el final de la cola. La línea vertical C te permitirá dibujar la pata delantera con relación al centro del lomo. La línea diagonal D te servirá para ubicar los cuernos, el nacimiento de la pata delantera, de la cola y de la pata trasera.

2 Ahora comienza a dibujar en detalle la cabeza. Empieza por los cuernos, el ojo, la boca y el cuerno inferior, y con pequeños óvalos dibuja la osamenta de la cabeza. Continúa con las patas y las uñas.

3 Pasamos al lápiz negro: repasa la figura; luego agrega los detalles de las uñas, las arrugas y los lunares del cuerpo. Completa las líneas de la osamenta de la cabeza. Traza bien la nariz, la lengua y el pico de la boca.

4 Con un rotulador negro, finalmente, remarca todas las líneas, con la punta que más te guste, de 0,8 o 0,5 milímetros. Puedes borrar las líneas en lápiz pero... ¡cuidado que pincha!

TIRANOSAURIO REX

EL TIRANOSAURIO ES UNO DE LOS DINOSAURIOS MÁS POPULARES QUE HAYAN EXISTIDO Y, A PESAR DE SER BIEN MALO, A TODOS LES GUSTA. DE NATURALEZA CARNÍVORA, DEVORABA A SUS PRESAS CON LAS PODEROSAS MANDÍBULAS DE SU CABEZA ENORME. SUS FILOSOS DIENTES TRITURABAN TODO LO QUE FUERA A PARAR A SU BOQUITA. CON SUS DOCE A QUINCE METROS DE LARGO, SE MOVÍA ÁGILMENTE Y CORRÍA AL ACECHO DE SUS VÍCTIMAS. SIEMPRE TENÍA MUCHO APETITO. ¡NO ERA UN BUEN CANDIDATO PARA INVITAR A CENAR!

1 Para comenzar, el lápiz celeste. Presta atención al círculo y al óvalo amarillos para conservar las proporciones entre la cabeza y el volumen del cuerpo. La línea roja te ayudará a ubicar la espalda, la cola y la pata trasera, y las líneas que están en escuadra, el cuello y la mandíbula. Dibuja las pequeñas patas delanteras apoyándote en la línea ondulada del pecho.

2 Completa los trazos de la cabeza, en especial la boca y la mandíbula, y el cuerpo en general. Observa cómo se van delineando las patas delanteras y las garras de las patas traseras.

3 El lápiz negro nos sirve para remarcar la figura. Ahora agrega los detalles de la cola y la piel. Completa las uñas de las patas y la panza, el cuello y la mandíbula. También dibuja los dientes y comienza a darles forma a los dedos de las patas delanteras.

4 Finalmente, puedes repasar todos los trazos con la microfibra negra, usando una de estas puntas: de 0,5 o de 0,8 milímetros, y borrar los que están en lápiz. Píntalo bien feroz y... ¡que se alejen todos!

SECCIÓN TERRESTRES
VELOCIRRAPTOR

ESTE DINOSAURIO MUY VELOZ –DE ALLÍ SU NOMBRE– ERA UN CAZADOR NATO. NO MUY GRANDE, DE UNOS DOS METROS DE ALTURA Y UNOS CINCUENTA KILOS DE PESO, CORRÍA Y SALTABA ÁGILMENTE SOBRE SU PRESA PARA MATARLA CON UNA GRUESA UÑA POSTERIOR UBICADA EN SUS PATAS. TAMBIÉN PARECÍA SER MÁS INTELIGENTE QUE OTROS DINOSAURIOS DEL PERÍODO CRETÁCICO. SE HAN ENCONTRADO RESTOS EN MONGOLIA Y EN CHINA.

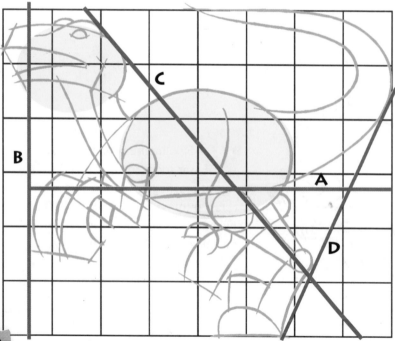

1 Para empezar, nada mejor que el lápiz celeste. Observa los óvalos amarillos para dibujar el cuerpo y la cabeza. La línea horizontal A y la vertical B te ayudarán a trazar las patas delanteras y traseras. También, la línea roja diagonal C te servirá de referencia para la inclinación de la pata trasera con relación a la posición de la cabeza, y la línea diagonal D, para dibujar la garra trasera en relación con la cola. Esta se eleva en arco por detrás y sobre la cabeza. Como la figura es algo compleja, tienes que dibujar todas las partes en proporción.

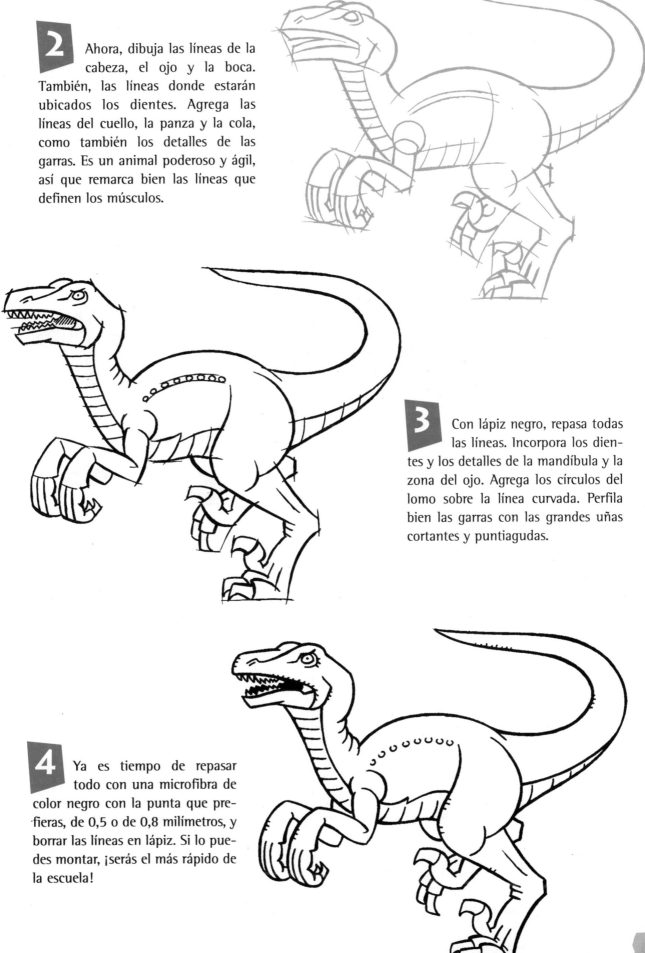

2 Ahora, dibuja las líneas de la cabeza, el ojo y la boca. También, las líneas donde estarán ubicados los dientes. Agrega las líneas del cuello, la panza y la cola, como también los detalles de las garras. Es un animal poderoso y ágil, así que remarca bien las líneas que definen los músculos.

3 Con lápiz negro, repasa todas las líneas. Incorpora los dientes y los detalles de la mandíbula y la zona del ojo. Agrega los círculos del lomo sobre la línea curvada. Perfila bien las garras con las grandes uñas cortantes y puntiagudas.

4 Ya es tiempo de repasar todo con una microfibra de color negro con la punta que prefieras, de 0,5 o de 0,8 milímetros, y borrar las líneas en lápiz. Si lo puedes montar, ¡serás el más rápido de la escuela!

ANQUILOSAURIO

ESTE ACORAZADO REPTIL CUADRÚPEDO DEL CRETÁCICO MEDÍA UNOS DIEZ METROS DE LARGO, ERA VEGETARIANO, TENÍA PATAS CORTAS Y CUERPO ANCHO, Y MOVÍA SU GRUESA COLA COMO UN GARROTE. ESTABA CUBIERTO POR UNA RESISTENTE ARMADURA COMPUESTA POR PLACAS ÓSEAS, Y DURAS PÚAS EMERGÍAN DE LA CABEZA, A LO LARGO DEL LOMO Y LA COLA, SEGÚN LA ESPECIE, COMO PROTECCIÓN CONTRA OTROS DINOSAURIOS FEROCES. HABITANTE DE PANTANOS, ESTE REPTIL DEJÓ SUS FÓSILES EN MONTANA (ESTADOS UNIDOS), PERO TAMBIÉN EN ALBERTA (CANADÁ) Y EN BOLIVIA, DONDE HASTA AHORA FUERON ENCONTRADOS. FUE UN ANTECESOR DE LA MULITA: ¡LINDOS CHARANGOS DE ANQUILOSAURIO SE PODRÍAN HACER PARA ENTONAR CARNAVALITOS DEL NORTE ARGENTINO!

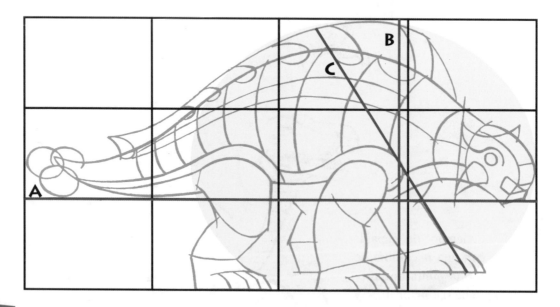

1 Comienza dibujando con lápiz celeste; observa el óvalo amarillo para comprender las proporciones del cuerpo del animal. Este se apoya sobre la línea roja A desde la mandíbula hasta la punta de la cola. La línea roja vertical B marca la punta de la garra de la pata delantera en relación con el cuerno mayor del caparazón. La línea roja diagonal C va del segundo cuerno del caparazón a la punta de la garra de la otra pata delantera. El cruce de la vertical y la diagonal te ayudará a ubicar el comienzo de la pata delantera, que también sale de la parte inferior del caparazón.

2 Dibuja el caparazón ubicando todos los cuernos y placas; también las patas y la cabeza. Incluye las rayas en la parte frontal de la cabeza.

3 Con lápiz negro, repasa todo el dibujo, remarcando la figura del dinosaurio. Termina los detalles de uñas, pliegues y arrugas del cuerpo.

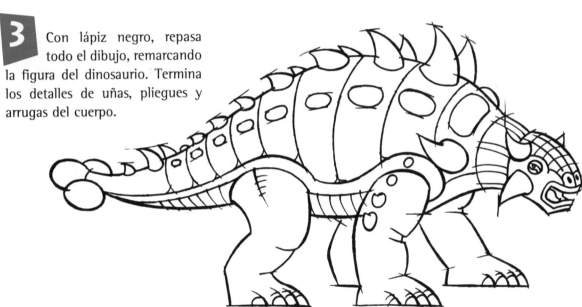

4 Finalmente, luego de completar todos los detalles, puedes repasar los trazos con una microfibra color negro con la punta que prefieras, sea de 0,5 o de 0,8 milímetros. Con tantas placas y púas, ¡va a salir duro el carnavalito!

DILOFOSAURIO

ESTE LAGARTO CARNÍVORO CARROÑERO DEL JURÁSICO, DE SEIS METROS DE LARGO, ES UNO DE LOS MÁS ANTIGUOS Y GRANDES. SUS RESTOS FUERON ENCONTRADOS EN ARIZONA, NORTEAMÉRICA. TENÍA DOS CRESTAS DE HUESO PARALELAS SOBRE LA CABEZA, QUE SE UNÍAN SOBRE LOS OJOS. SUS MANDÍBULAS ERAN ESTRECHAS Y DÉBILES. SUS PODEROSAS PATAS TENÍAN CUATRO DEDOS, CON AFILADAS GARRAS. ESTE CAZADOR SUMAMENTE ÁGIL Y VELOZ FUE LLAMADO "¡EL TERROR DEL JURÁSICO!".

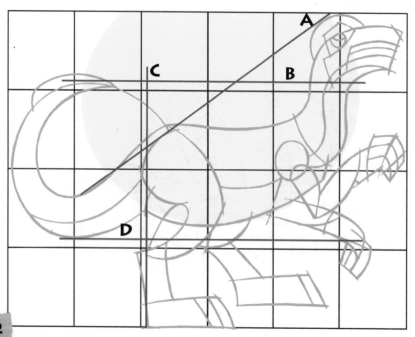

1 Comienza dibujando con lápiz celeste. Observa el óvalo amarillo para comprender las proporciones del cuerpo. La línea roja diagonal A, que conecta la cresta grande de la cabeza con la cola del reptil, te ayudará a dibujar la posición de la cabeza. La horizontal B marca la altura de la cola con relación a la cabeza. La vertical C, que conecta el muslo con la pata trasera, y la horizontal D te servirán para ubicar el volumen corporal y la posición de las patas traseras.

2 Dibuja el cuerpo y la cabeza con la cresta sobre el ojo y la línea para la posterior demarcación de los dientes. Traza también la cola curvada y las poderosas patas traseras y delanteras con sus afiladas uñas.

3 Con lápiz negro repasa todo el dibujo, remarcando la cabeza, la cresta y la figura del dinosaurio. Termina los detalles de las patas y garras, y los pliegues y arrugas del cuerpo.

4 Finalmente, luego de completar el dibujo, puedes repasar todo con una microfibra color negro con la punta que prefieras, de 0,5 o de 0,8 milímetros. ¡No huyas, es solo un dibujo!

PAQUICEFALOSAURIO

ESTE CURIOSO DINOSAURIO DE LA FAMILIA DE LOS TROODONTES, DEL FINAL DEL CRETÁCICO, ERA EL QUE MÁS HUESOS TENÍA EN LA CABEZA. DE AHÍ SU EXTRAÑO NOMBRE, QUE SIGNIFICA "REPTIL DE CRÁNEO ESPESO". ESAS DURAS PLACAS Y PROTUBERANCIAS RECORRÍAN SU CABEZA, SOBRE EL HOCICO, COMO UNA CORONA CON CASQUETE. ERA CAPAZ DE DERRIBAR DE UN CABEZAZO A SU OPONENTE. SEGÚN LOS RESTOS ENCONTRADOS EN NORTEAMÉRICA, MEDÍA CUATRO METROS Y MEDIO.

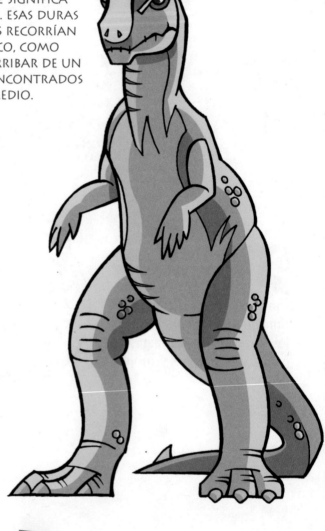

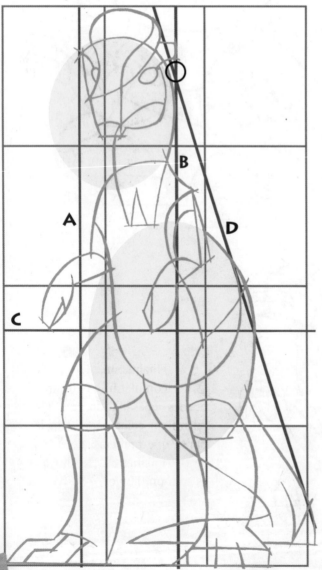

1 Comienza dibujando con lápiz celeste. Observa el óvalo amarillo menor, arriba, y el mayor, abajo, para comprender las proporciones del cuerpo de este raro animal. La línea roja vertical A, que conecta la ceja del ojo izquierdo con la uña de la pata izquierda, marca la posición erguida del cuerpo. La vertical B, que conecta el lateral derecho de la cabeza y el cuello con la uña de la pata derecha, confirma la posición corporal y la ubicación de los miembros. La diagonal D, que se apoya en la parte lateral de la cabeza y conecta con la cola, da la inclinación de la postura. Finalmente, la línea horizontal C ubica las garras de las patas superiores y los muslos.

2 Dibuja todo el cuerpo y la curiosa cabeza con las líneas que, sobre los ojos, forman unas duras cejas. Define el cuello y las patas. Agrega las líneas de los dedos de las garras y las uñas.

3 Con lápiz negro, repasa todo el dibujo, remarcando la cabeza y la figura del dinosaurio. Termina los detalles de los huesos, las protuberancias, las uñas, los pliegues y las arrugas del cuerpo.

4 Por último, luego de completar todos los detalles, puedes repasar con una microfibra color negro con la punta que prefieras, sea de 0,5 o de 0,8 milímetros. ¡Puedes tirarle un centro: nadie mejor que él para cabecear!

SECCIÓN TERRESTRES
IGUANADÓN

AL PARECER, ESTE DINOSAURIO DEL PERÍODO FINAL DEL JURÁSICO Y DEL CRETÁCEO TEMPRANO FUE EL PRIMERO QUE DESCUBRIERON LOS HUMANOS. PIENSAN QUE SU LENGUA ERA LARGA COMO LA DE LA JIRAFA Y QUE LA UTILIZABA PARA COMER SUS PLANTAS FAVORITAS. ENTRE SUS DEPREDADORES ENEMIGOS ESTABAN EL T-REX, EL MEGALOSAURIO Y EL ALLISPINAZ. PARIENTE LEJANO DE LA IGUANA, PROTEGÍA MUY BIEN LOS HUEVOS DE SU NIDO Y TAMBIÉN A SUS BEBÉS AL NACER. MEDÍA UNOS NUEVE METROS DE LARGO.

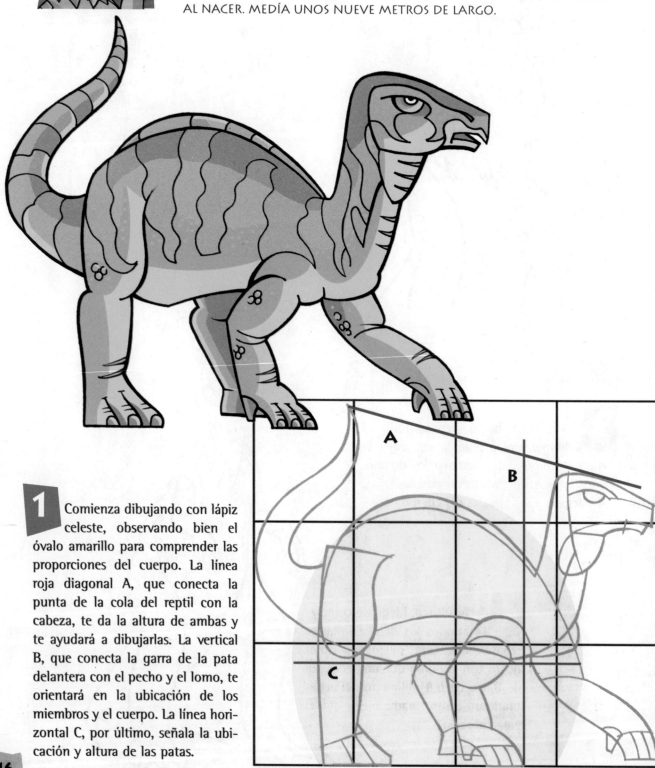

1 Comienza dibujando con lápiz celeste, observando bien el óvalo amarillo para comprender las proporciones del cuerpo. La línea roja diagonal A, que conecta la punta de la cola del reptil con la cabeza, te da la altura de ambas y te ayudará a dibujarlas. La vertical B, que conecta la garra de la pata delantera con el pecho y el lomo, te orientará en la ubicación de los miembros y el cuerpo. La línea horizontal C, por último, señala la ubicación y altura de las patas.

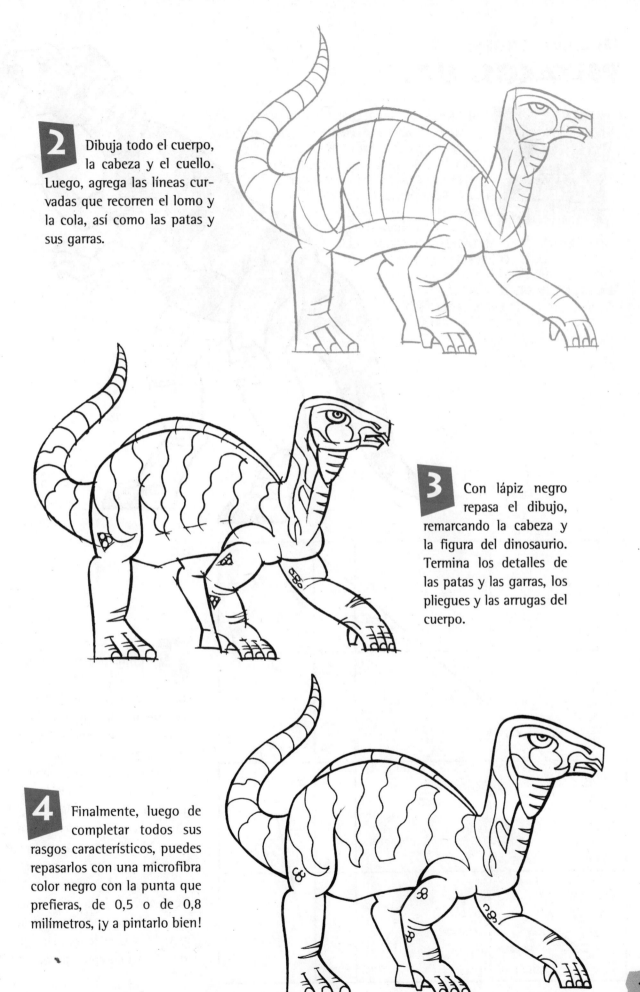

2 Dibuja todo el cuerpo, la cabeza y el cuello. Luego, agrega las líneas curvadas que recorren el lomo y la cola, así como las patas y sus garras.

3 Con lápiz negro repasa el dibujo, remarcando la cabeza y la figura del dinosaurio. Termina los detalles de las patas y las garras, los pliegues y las arrugas del cuerpo.

4 Finalmente, luego de completar todos sus rasgos característicos, puedes repasarlos con una microfibra color negro con la punta que prefieras, de 0,5 o de 0,8 milímetros, ¡y a pintarlo bien!

PSITACOSAURIO

SE TRATA DE UN PEQUEÑO Y EXTRAÑO
DINOSAURIO HERBÍVORO DEL CRETÁCICO
SUPERIOR, DE 1,5 METROS DE ALTURA Y
DE UNOS 80 KILOS DE PESO. TENÍA
UNA CABEZA ALTA Y ANCHA, Y
UN PICO DE LORO MUY
RESISTENTE, DEL CUAL
DERIVA SU NOMBRE. SE
ALIMENTABA DE PLANTAS QUE TOMABA CON
SUS CUATRO DEDOS, PERO COMO SUS
DIENTES ERAN ESCASOS, EL ALIMENTO
ERA TRITURADO CON PIEDRAS QUE
GUARDABA EN EL ESTÓMAGO. SE
ENCONTRARON RESTOS DE ESTA
ESPECIE EN ESPAÑA.

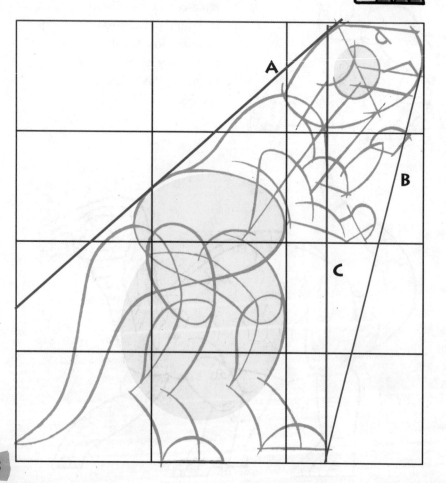

1 Comienza a dibujar con lápiz celeste, observando bien los óvalos amarillos para comprender las proporciones del cuerpo. La línea roja diagonal A, que se apoya en la cabeza y el cuello y en la parte trasera de la cola, indica la inclinación de su postura. La otra diagonal, B, que va desde el pico hasta la garra de la pata trasera posterior, te permitirá disponer los miembros y la cabeza. La línea vertical C va de la parte superior de la cabeza hasta la garra de la pata trasera y te ayudará en el dibujo del cuerpo entero.

2 Dibuja todo el animal, la cabeza con el pico, el cuello, las patas y las garras. Luego, agrega todas las líneas curvadas que recorren el cuerpo y la cola.

3 Con lápiz negro repasa todo el dibujo, remarcando la cabeza, la figura del dinosaurio, las líneas del cuerpo y los detalles de las patas y las garras. Dibuja también los pliegues y arrugas del cuerpo.

4 Finalmente, luego de completar el dibujo, puedes repasarlo con una microfibra color negro con la punta que prefieras, sea de 0,5 o de 0,8 milímetros. ¡Y no pares hasta terminar de colorearlo!

STRUTHIOMIMUS

ESTE REPTIL DE UNOS 3,5 METROS DE LARGO VIVIÓ EN EL PERÍODO CRETÁCICO. CONTABA CON PATAS TRASERAS LARGAS Y RESISTENTES QUE LE PERMITÍAN CORRER, COMO UN AVESTRUZ GIGANTE, A GRANDES VELOCIDADES; PODÍA ALCANZAR LOS 40 KILÓMETROS POR HORA, ESPECIALMENTE CUANDO ERA MOMENTO DE ESCAPAR DE LAS FAUCES DE LOS DEPREDADORES, MUCHO MÁS LENTOS QUE ÉL. NO TENÍA ALAS NI PLUMAJE; TAMPOCO PODÍA REMONTAR VUELO. VEGETARIANO, GUSTABA DE LAS SEMILLAS Y LOS FRUTOS; PERO TAMBIÉN ALGUNOS INSECTOS ERAN PARTE DE SU DIETA. ESTE DINOSAURIO VIVIÓ EN LAS ORILLAS DE LOS RÍOS HACE UNOS 70 MILLONES DE AÑOS, EN AMÉRICA DEL NORTE OCCIDENTAL.

1 Como siempre, empieza con lápiz celeste. Observa bien el círculo amarillo para comprender las proporciones del cuerpo. La línea roja diagonal A, que se apoya en la cabeza y va hasta la parte final de la cola, da la altura de esta en relación con la primera. La diagonal B va desde la punta de la cola hasta la garra de la pata trasera doblada y te ayudará a dibujar los miembros. La diagonal C, por último, comienza en el hocico del reptil, cruza por el cuerpo apoyándose en el muslo de la pata trasera y termina en la garra de esta, y te permitirá ubicar el volumen corporal y la dinámica del movimiento.

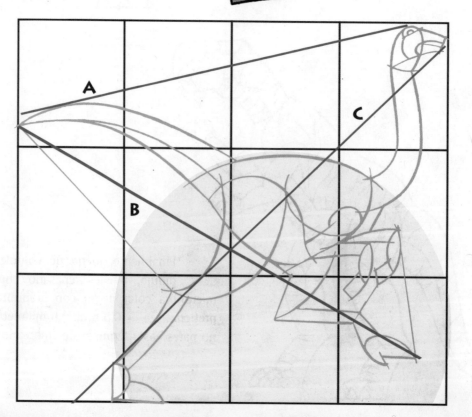

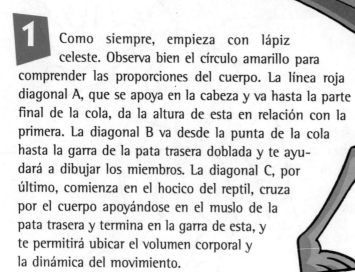

2 Dibuja el cuerpo con la cola ondulante y la cabeza pequeña con el largo cuello. También señala las largas patas traseras y las garras. La de este dinosaurio es una figura estilizada y con gracia.

3 Con lápiz negro repasa todo el dibujo, remarcando la cabeza, la cola y la figura general del dinosaurio. Termina también los detalles de las líneas del cuerpo, de las patas y las garras, así como los pliegues y las arrugas.

4 Finalmente, luego de completar la figura, puedes repasarla con una microfibra color negro con la punta de 0,5 o de 0,8 milímetros. Si te animas, ¡córrele una carrera!

SECCIÓN TERRESTRES
TRACODÓN

FUE UNO DE LOS MÁS GRANDES BÍPEDOS QUE EXISTIERON AL FINAL DEL CRETÁCICO, Y, POR LA FORMA DE SU CABEZA, FUE LLAMADO "PICO DE PATO". MEDÍA 12 METROS DE LARGO, ERA HERBÍVORO Y TENÍA GRANDES MANDÍBULAS PARA TRITURAR SUS RICAS ENSALADAS. HABITANTE DE LOS PANTANOS, DEJÓ SUS RESTOS FÓSILES EN NORTEAMÉRICA. LE GUSTABA ANDAR EN EL AGUA, COMO LO MUESTRAN SUS DEDOS PALMEADOS.

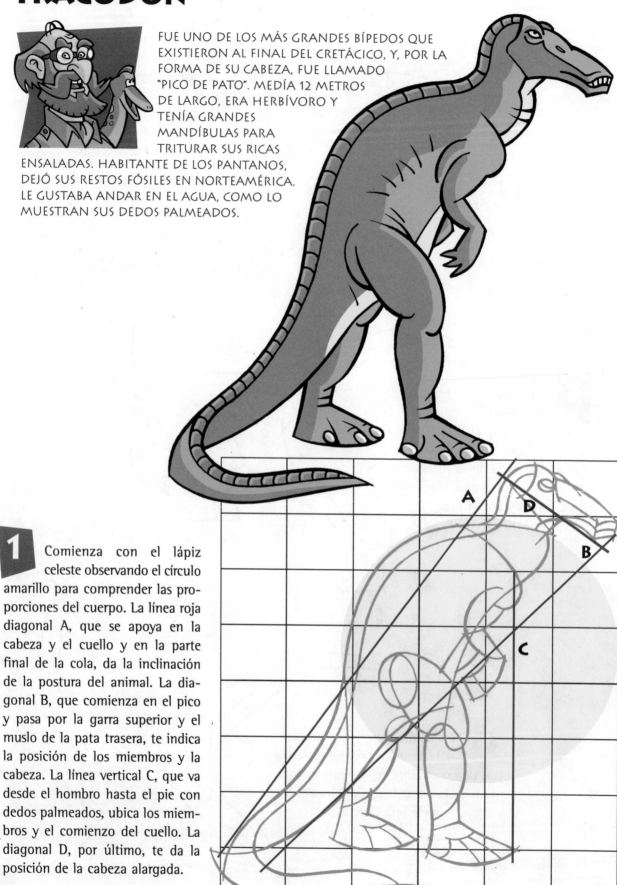

1 Comienza con el lápiz celeste observando el círculo amarillo para comprender las proporciones del cuerpo. La línea roja diagonal A, que se apoya en la cabeza y el cuello y en la parte final de la cola, da la inclinación de la postura del animal. La diagonal B, que comienza en el pico y pasa por la garra superior y el muslo de la pata trasera, te indica la posición de los miembros y la cabeza. La línea vertical C, que va desde el hombro hasta el pie con dedos palmeados, ubica los miembros y el comienzo del cuello. La diagonal D, por último, te da la posición de la cabeza alargada.

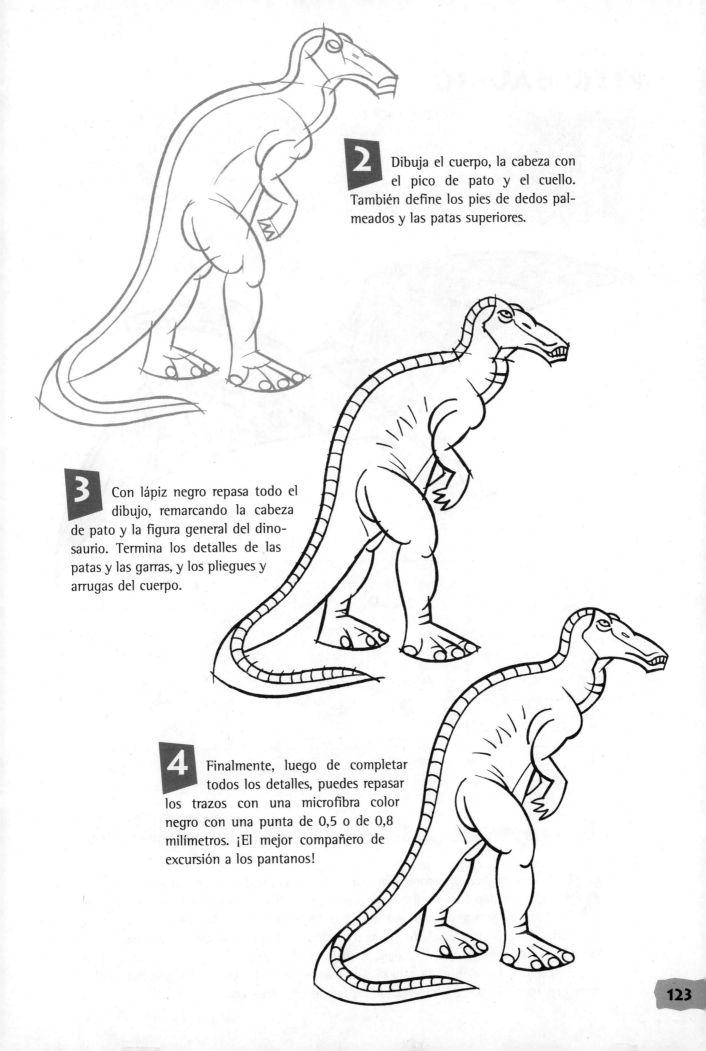

2 Dibuja el cuerpo, la cabeza con el pico de pato y el cuello. También define los pies de dedos palmeados y las patas superiores.

3 Con lápiz negro repasa todo el dibujo, remarcando la cabeza de pato y la figura general del dinosaurio. Termina los detalles de las patas y las garras, y los pliegues y arrugas del cuerpo.

4 Finalmente, luego de completar todos los detalles, puedes repasar los trazos con una microfibra color negro con una punta de 0,5 o de 0,8 milímetros. ¡El mejor compañero de excursión a los pantanos!

PTEROSAURIO

LOS PTEROSAURIOS ERAN REPTILES ALADOS. MOSTRABAN UNA GRAN VARIEDAD DE TAMAÑOS Y CARACTERÍSTICAS. ALGUNOS TENÍAN ALAS TAN GRANDES ¡COMO LOS AVIONES DC-3! LOS EXPERTOS DICEN QUE EXISTIERON DURANTE 160 MILLONES DE AÑOS Y SE EXTINGUIERON CON EL RESTO DE LOS DINOSAURIOS. SUS ALAS ERAN SIMILARES A LAS DE LOS MURCIÉLAGOS ACTUALES. TAMBIÉN TENÍA UNA BOCA ESPECIAL, CON PICO PARA ATRAPAR PECES. ¡DIBUJEMOS UNO DE ELLOS!

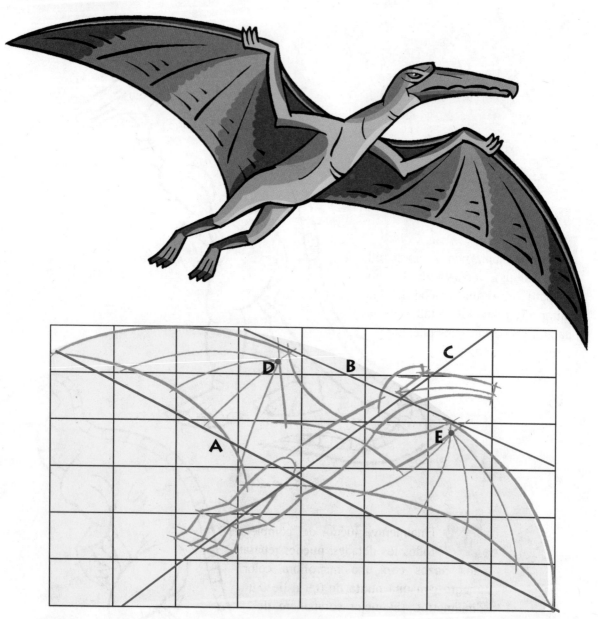

1 El lápiz celeste, para comenzar, como es costumbre. Pon atención a la sección del óvalo amarillo para dibujar las grandes alas. La línea roja diagonal A te servirá para ubicar las puntas de estas y el origen de las patas traseras. La línea roja diagonal B, más arriba, casi paralela a la A, te guiará para dibujar las garras delanteras y el nacimiento del pico. La diagonal central C te dará la dirección del cuerpo, el cuello y las patas traseras, así como la posición de la cabeza. Los puntos marcados como D y E indican dónde nacen las membranas que dividen cada ala (como un paraguas).

2 A partir del esquema trazado, comienza a completar las líneas de la cabeza y las patas. Dibuja el pico y las curvas de la boca; luego, las líneas donde estarán las garras, sobre las alas. Esboza las garras traseras siguiendo las líneas paralelas que se indican. También agrega las líneas curvas que servirán de guía para los pliegues internos de ambas alas.

3 Con lápiz negro, dibuja la figura completa definiendo bien todas las garras y los detalles de los ojos, el pico, el cuerpo y las alas.

4 Por último, repasa las líneas con un rotulador negro con la punta que prefieras, de 0,5 o de 0,8 milímetros. No te olvides de borrar los trazos en lápiz. Coloréalo y... ¡a volar!

PTERODÁCTILO

A FINALES DEL JURÁSICO, APARECIÓ ESTE REPTIL VOLADOR DE CASI UN METRO DE EXTENSIÓN. CON SUS ALAS DE PIEL SIN PLUMAS, Y CON ALGO DE MURCIÉLAGO, PLANEABA SOBRE BOSCOSOS PAISAJES VOLCÁNICOS. UN TANTO AGRESIVO, CAZABA ANIMALES CON SU LARGO PICO DENTADO PARA DARLES DE COMER A SUS PICHONCITOS, QUE ANIDABAN ENTRE LAS ROCAS DE LAS MONTAÑAS. PÍO-PÍO, PAJARITO...

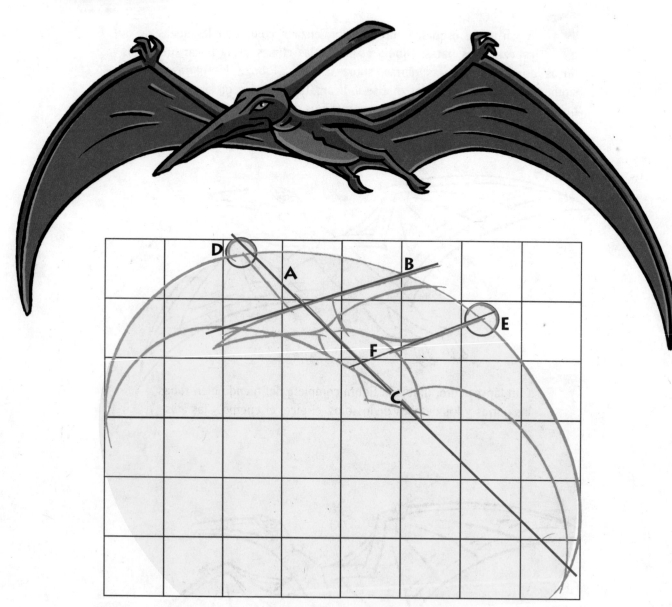

1 Comienza como siempre, con el lápiz celeste. Observa el óvalo amarillo para dibujar las grandes alas. La diagonal roja A te servirá para ubicar el cuerpo, la parte superior del ala izquierda y la cabeza en relación con las alas. La B marcará el trazo del pico alargado y de la parte superior de la cabeza. En el punto C, sobre la línea A, se unen las dos curvas que perfilan la parte inferior de las alas. La línea roja F, que cruza A en diagonal, servirá para ubicar la parte superior del ala derecha. Los círculos D y E marcan dónde dibujar las garras sobre las alas.

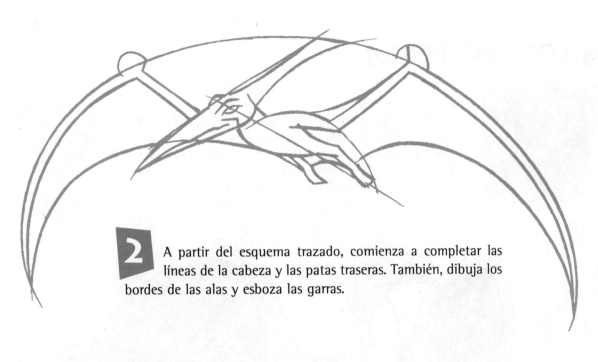

2 A partir del esquema trazado, comienza a completar las líneas de la cabeza y las patas traseras. También, dibuja los bordes de las alas y esboza las garras.

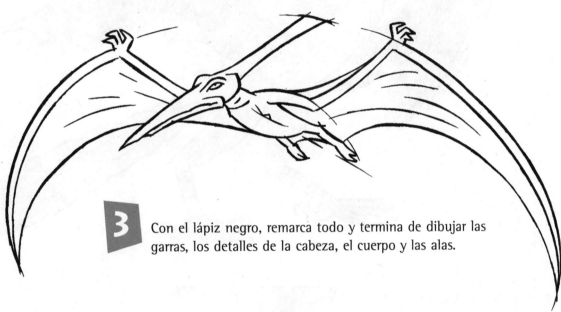

3 Con el lápiz negro, remarca todo y termina de dibujar las garras, los detalles de la cabeza, el cuerpo y las alas.

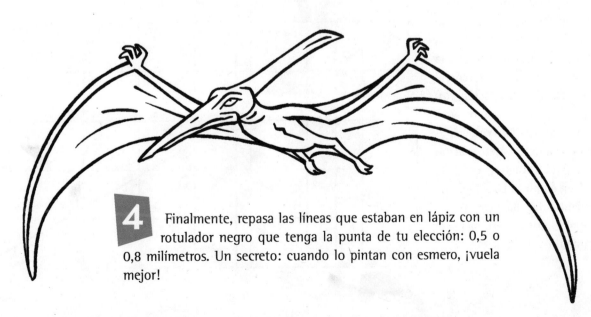

4 Finalmente, repasa las líneas que estaban en lápiz con un rotulador negro que tenga la punta de tu elección: 0,5 o 0,8 milímetros. Un secreto: cuando lo pintan con esmero, ¡vuela mejor!

ARQUEOPTÉRIX

ES EL DINOSAURIO-AVE MÁS CÉLEBRE DE LOS FÓSILES DESCUBIERTOS DEL JURÁSICO SUPERIOR. HACE ALGÚN TIEMPO, SE SUPONÍA QUE ESTA EXÓTICA AVE ERA LA PREDECESORA DE LAS AVES MODERNAS. POSEÍA DIENTES AFILADOS Y UNA LARGA COLA CON HUESOS QUE MEDÍA UNOS 35 CENTÍMETROS. SIN EMBARGO, LAS ÚLTIMAS TEORÍAS HAN MODIFICADO SU ORIGEN SUPUESTO Y LO CONECTAN CON OTROS DINOSAURIOS, COMO EL VELOCIRRAPTOR, DE ANATOMÍA SIMILAR. DE COLORIDO PLUMAJE, ¿PODRÍA VOLAR SOBRE LOS PAISAJES PREHISTÓRICOS Y ENTRE LAS RAMAS DE ÁRBOLES GIGANTES?

1 Comienza dibujando con lápiz celeste. Observa el círculo amarillo para comprender las proporciones del cuerpo y las alas de este notable pájaro. La línea diagonal roja A, que va desde la punta de la larga cola hacia el ala izquierda, indica la posición del cuerpo. La vertical B ubica el pico en relación con la punta del ala izquierda y la pata de atrás. La vertical C señala el ala derecha en relación con la pata trasera y cruza la línea A en el punto D, el lugar de nacimiento del ala derecha. La diagonal E, por último, marca el movimiento del ala derecha.

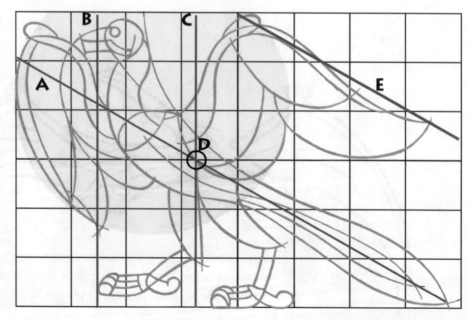

2 Dibuja el cuerpo del ave con el gran par de alas y la cola. Traza las líneas que serán el plumaje de las alas, el cuello y las patas; y también, el ojo y el pico con la línea para los dientes.

3 Con lápiz negro repasa todo el dibujo. Termina los detalles de las patas con las curvadas uñas y del plumaje. Agrega los dientes al pico.

4 Finalmente, luego de completar la figura, puedes repasarla con una microfibra negra con punta de 0,5 o de 0,8 milímetros. ¡Móntate en él y pasea por tu barrio!

SYNTHETOCERAS

EXTRAÑA MEZCLA DE ANTÍLOPE, CAMÉLIDO Y BOVINO, ESTE PEQUEÑO ANIMAL MAMÍFERO TENÍA TRES SORPRENDENTES CUERNOS Y DEDOS PARES EN LOS CASCOS. LA COMUNIDAD CIENTÍFICA AÚN NO HA DETERMINADO SI PERTENECE AL PERÍODO OLIGOCÉNICO O AL PLIOCENO DE LA ERA CENOZOICA. ALGUNOS LO CONSIDERAN EL ÚLTIMO SOBREVIVIENTE DE LA SUBFAMILIA CONOCIDA COMO PROTOCERATIDAE. NO ERA NI VELOZ, NI CORPULENTO, NI SOCIAL; POR EL CONTRARIO, ERA INADAPTADO Y DÉBIL, AFIRMAN LOS INVESTIGADORES. SIN EMBARGO, LO EXTRAÑO ES QUE UN ÚNICO EJEMPLAR, DESCENDIENTE DEL SYNTHETOCERAS AUNQUE DE MENOR TAMAÑO, FUE ENCONTRADO MILAGROSAMENTE VIVO EN LA SELVA AMAZÓNICA. COMO ES UNA EXÓTICA ESPECIE EN PELIGRO DE EXTINCIÓN INMEDIATA, SE PIENSA ¡CLONARLO CUANTO ANTES! ESTO HA ABIERTO UN DEBATE QUE PLANTEA SI DEBERÍAMOS ESFORZARNOS POR PROTEGER ESTA RARA ESPECIE.

1 Comienza dibujando con lápiz celeste, observando el óvalo amarillo para comprender las proporciones del cuerpo del animal. La ubicación del lomo y la cola está marcada por la línea horizontal roja A. La línea roja vertical B indica el lugar de los ojos y el cuerno superior con relación a la punta del casco de la pata delantera. La línea horizontal C señala las rodillas, y la línea roja diagonal D, el muslo y el casco de la pata trasera.

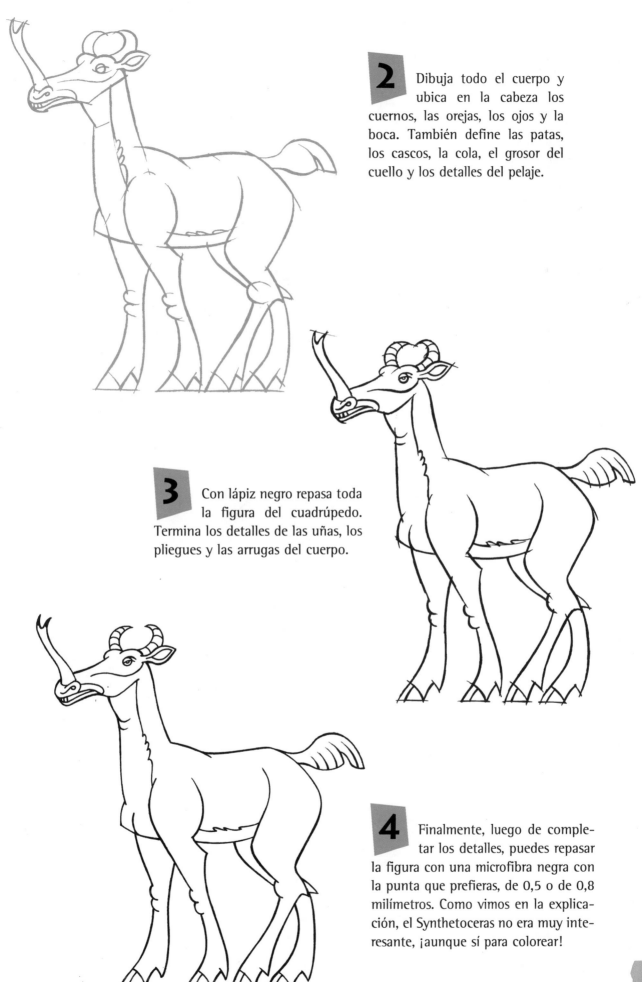

2 Dibuja todo el cuerpo y ubica en la cabeza los cuernos, las orejas, los ojos y la boca. También define las patas, los cascos, la cola, el grosor del cuello y los detalles del pelaje.

3 Con lápiz negro repasa toda la figura del cuadrúpedo. Termina los detalles de las uñas, los pliegues y las arrugas del cuerpo.

4 Finalmente, luego de completar los detalles, puedes repasar la figura con una microfibra negra con la punta que prefieras, de 0,5 o de 0,8 milímetros. Como vimos en la explicación, el Synthetoceras no era muy interesante, ¡aunque sí para colorear!

CALICOTERIO

ESTE CURIOSO ANIMAL DEL PLIOCENO DE LA ERA CENOZOICA –UNA ESPECIE DE OSO CON HOCICO ALARGADO Y COLA CORTA– TENÍA GRANDES PATAS DELANTERAS CON LARGAS UÑAS EN SUS GARRAS. SE SOSPECHA QUE PUEDE HABER SIDO EL ANTECESOR DEL OSO NANDI, POR SU PARECIDO FÍSICO CON ESTE. ERA HERBÍVORO Y CAMINABA COMO LOS GORILAS: SOBRE LOS NUDILLOS DE SUS GARRAS DELANTERAS. SE HAN ENCONTRADO RESTOS EN RUMANIA, GRECIA, HUNGRÍA, INDIA, CHINA Y NORTEAMÉRICA.

1 Comienza dibujando con lápiz celeste. Observa el óvalo amarillo mayor para comprender el volumen del torso y el óvalo amarillo menor para ubicar el muslo del animal. La línea diagonal A, que conecta el hocico con la punta de la cola, te permitirá dibujar la posición inclinada del cuerpo. La vertical B conecta la oreja, el ojo, una de las garras delanteras y los nudillos de la otra, y te ayudará en la ubicación de los miembros y las proporciones. La línea horizontal C te guiará para dibujar los brazos, el muslo de la pierna y la cola.

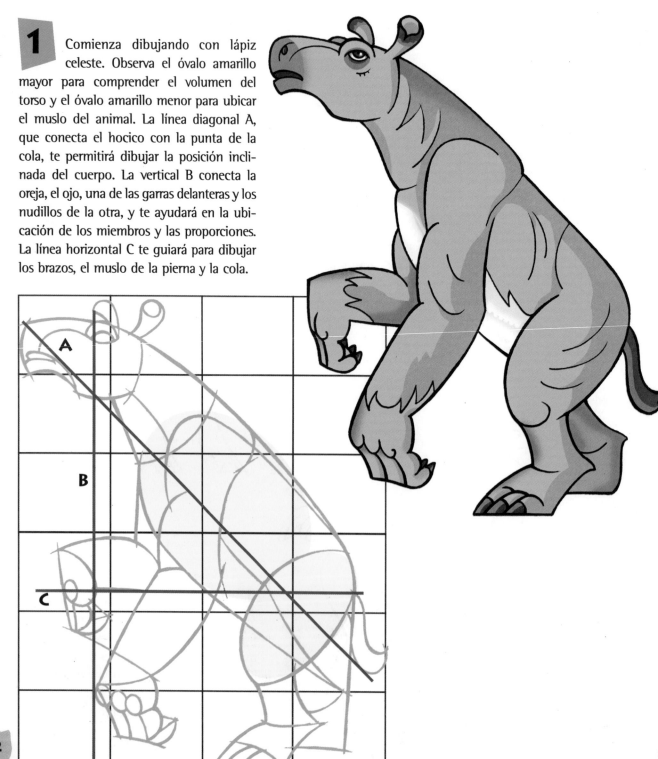

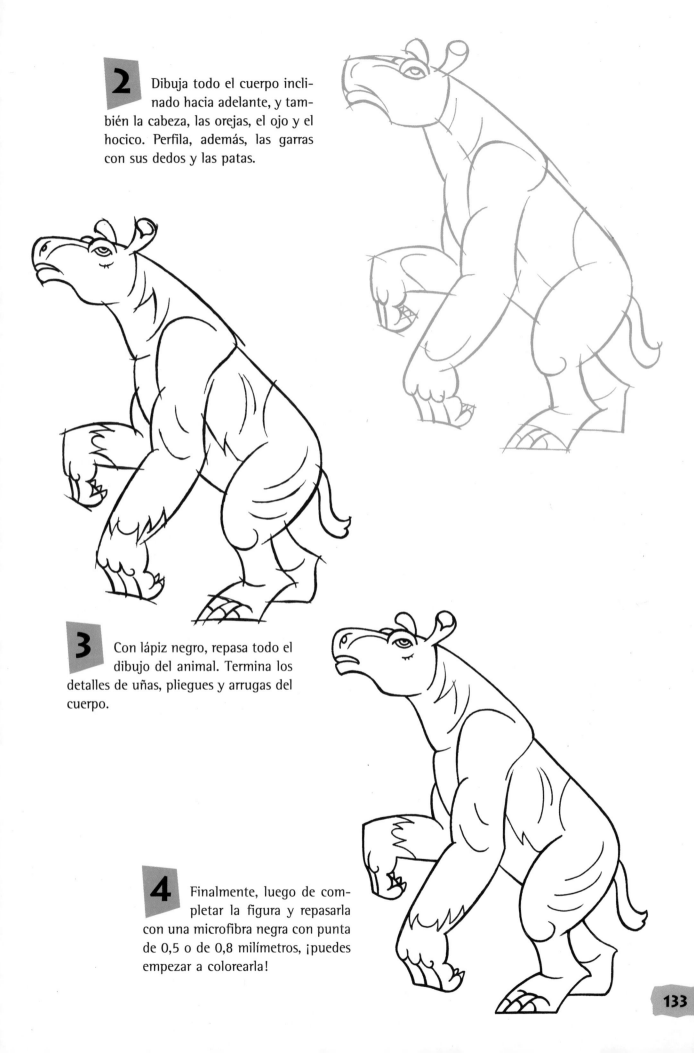

2 Dibuja todo el cuerpo inclinado hacia adelante, y también la cabeza, las orejas, el ojo y el hocico. Perfila, además, las garras con sus dedos y las patas.

3 Con lápiz negro, repasa todo el dibujo del animal. Termina los detalles de uñas, pliegues y arrugas del cuerpo.

4 Finalmente, luego de completar la figura y repasarla con una microfibra negra con punta de 0,5 o de 0,8 milímetros, ¡puedes empezar a colorearla!

SECCIÓN ERA CENOZOICA
DIATRIMA GIGANTE

ESTA AVE ENORME, CARNÍVORA Y SIN ALAS, DEL PERÍODO EOCENO DE LA ERA CENOZOICA, MEDÍA MÁS DE 2 METROS DE ALTURA Y PESABA UNOS 100 KILOGRAMOS. HABITÓ REGIONES DE NORTEAMÉRICA Y EUROPA. SE HAN HALLADO RESTOS FÓSILES DE UNOS 50 MILLONES DE AÑOS DE ANTIGÜEDAD. ¡LINDO POLLO PARA EL ASADOR!

1 Comienza dibujando con lápiz celeste. Presta atención al óvalo amarillo para comprender las proporciones del cuerpo del ave. La línea roja horizontal A, que une el comienzo del pico, el cuello, el lomo y el muslo de la pata trasera, te ayudará a conformar el volumen corporal. La diagonal B, que va del ojo a la uña de la pata trasera, te dará la inclinación del cuerpo, y la diagonal E, la ubicación de la pata doblada en relación con el pico. La horizontal D señala el lugar de los muslos. Por último, la línea vertical C relaciona el cuello con la uña de la pata doblada.

2 Dibuja el cuerpo y la cabeza con las líneas de alrededor de los ojos. Define el pico y la lengua, y agrega el suave plumaje en el cuello y la cola. Luego, marca los dedos de las patas con las grandes uñas.

3 Con lápiz negro repasa todo el dibujo, remarcando la figura del pájaro prehistórico. Termina los detalles del plumaje y las líneas de las patas.

4 Finalmente, luego de completar todo, puedes repasar con una microfibra color negro con la punta que prefieras, sea de 0,5 o de 0,8 milímetros. Pájaro que no vuela... ¡es mejor para pintar!

MAMUT

ESTE MAMÍFERO, ANTEPASADO DE LOS ELEFANTES, QUE VIVIÓ EN UNA ERA POSTERIOR A LA DE LOS DINOSAURIOS, TENÍA COLMILLOS GRANDES Y LARGOS Y UN CUERPO CUBIERTO DE PELO Y MECHONES DE COLOR MARRÓN OSCURO. PRESENTABA UNA JOROBA EN EL LOMO, OREJAS PEQUEÑAS Y UN SIMPÁTICO CRÁNEO ALARGADO HACIA ARRIBA Y CORONADO CON UN TOCADO DE LARGA CABELLERA A MODO DE FLEQUILLO. LLEGABA A MEDIR CUATRO METROS DE ALTO. ANDABA EN MANADAS POR LOS PAISAJES HELADOS, DONDE ERA CAZADO MUCHAS VECES POR TRIBUS HUMANAS DE AQUELLA ERA.

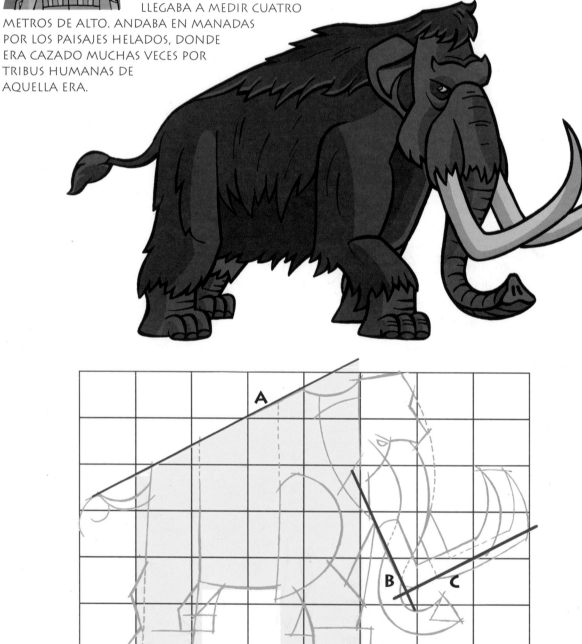

1 Comienza el dibujo con el lápiz celeste. Observa la parte coloreada en amarillo y, a partir de esta forma geométrica, puedes orientarte para los primeros trazos. La diagonal roja A te indica el ángulo donde dibujarás el lomo. Es importante dibujar la gran trompa del animal primero, y desde allí, el ojo, los colmillos y la oreja. Las líneas rojas B y C marcan el ángulo que describen los largos colmillos.

2 Dibuja los colmillos siguiendo la trayectoria que se inicia al final de la oreja y culmina en una suave curva hacia arriba; luego continúa con la cabeza y los detalles de la ondulada trompa en forma de S al revés, que termina en un triángulo donde más adelante ubicarás las fosas nasales. Las patas se basan en trazos horizontales y ángulos que le dan soporte al pesado cuerpo. Los dedos de las patas se forman con pequeños rectángulos.

3 Con lápiz negro, remarca la totalidad de la figura. Agrega los detalles del pelo y la cola, así como las líneas de la trompa. Dibuja las uñas de las patas y los detalles de la frente y el ojo.

4 Ahora sí puedes repasar las líneas con un rotulador negro, utilizando una punta de 0,5 o de 0,8 milímetros, y borrar las que están en lápiz. ¡Esos sí que son colmillos! ¡Ja!

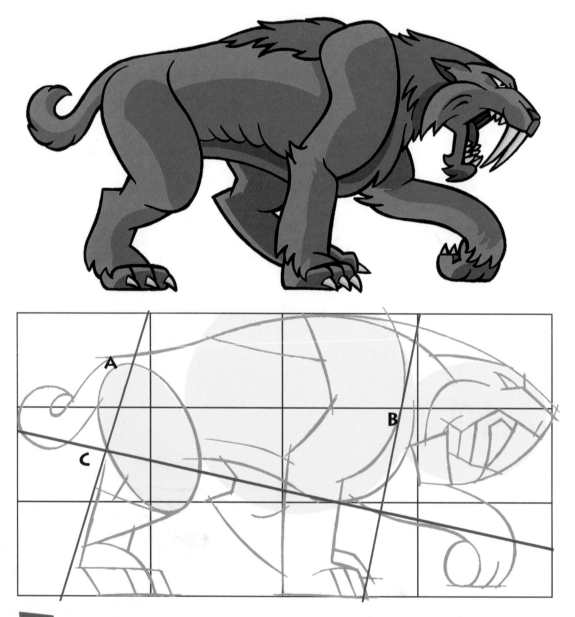

TIGRE DIENTES DE SABLE

ESTE MAMÍFERO, ANTEPASADO DE LOS TIGRES Y LEONES, VIVIÓ DESDE EL OLIGOCENO HASTA EL PLEISTOCENO LUEGO DE LA ERA DE LOS DINOSAURIOS, ERA PODEROSO Y TENÍA GRANDES COLMILLOS DE VEINTE CENTÍMETROS DE LARGO QUE PARECÍAN SABLES, DE ALLÍ SU NOMBRE. CAZADOR NATO, SE MOVÍA ÁGILMENTE ENTRE LOS PAISAJES HELADOS Y ROCOSOS EN BUSCA DE SU PRESA. ¡PODÍA CAMINAR SOBRE SUS PATAS TRASERAS COMO LOS OSOS ACTUALES! SE HAN ENCONTRADO RESTOS DE ÉL EN AMÉRICA DEL NORTE Y DEL SUR, EUROPA, ASIA Y ÁFRICA.

1 Empieza a dibujar con el lápiz celeste. Observa el círculo amarillo central para esbozar el cuerpo; el óvalo amarillo de la izquierda, para la parte superior de la pata trasera, y el óvalo amarillo de la derecha, para ubicar la cabeza. Te ayudarán a orientarte para los primeros trazos. Las líneas rojas diagonales A y B te servirán para ubicar los contornos de las patas. La diagonal roja C, que cruza horizontalmente por debajo del tórax del felino, te guiará para dibujar la pata delantera, el borde del tórax y la cola. Observa bien cómo están representados los rasgos de la cara y los dientes.

 2 Ahora dibuja la cabeza con los grandes colmillos. Continúa con las patas y las garras. Define bien el tórax con las costillas, la cola con pelo y el pelaje del lomo.

3 Remarca la figura con lápiz negro. Agrega los detalles de la cabeza, el ojo y los dientes. Dibuja bien las garras.

 4 Finalmente, puedes repasar todo con una microfibra de color negro de 0,5 o de 0,8 milímetros, y borrar las líneas que quedan en lápiz. ¡Ahora sí prepara las pinturas!

PTERODÁCTILO-BOT

DEJÉ PARA EL FINAL UN REGALO ESPECTACULAR: ¡CÓMO DIBUJAR DINOSAURIÓS ROBOTS! Y TE MUESTRO DOS MODELOS DISTINTOS: UN PTERODÁCTILO Y UN TRICERATOPS. ASÍ, DESDE EL ANCESTRAL PASADO PREHISTÓRICO, NOS VAMOS AL FUTURO CIBERNÉTICO UNIENDO AMBOS ESPACIOS TEMPORALES ¡EN ESTE FANTÁSTICO FINAL DEL LIBRO!

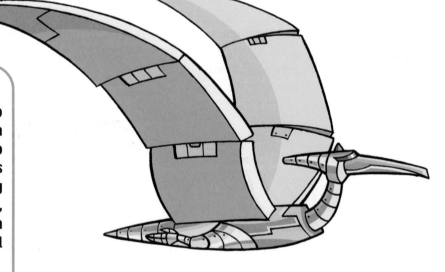

Ficha técnica:

Máquina *cíborg* de un Pterodáctilo original, construida a partir de la genética y la electrónica. Un modelo muy útil para desplazarse sin utilizar los anticuados helicópteros o aviones. Muy veloz, puede aterrizar sobre edificios, puentes o ambientes naturales. Soporta la lluvia, y ¡no necesita garaje! Ideal para llegar a tiempo a cualquier cita.

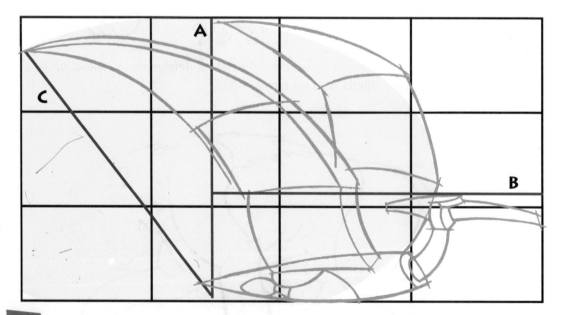

1 Comienza dibujando con lápiz celeste. Observa el espacio amarillo para comprender las proporciones del cuerpo del ave-cíborg. La línea roja vertical A, que conecta la punta del ala de atrás con la cola de la máquina, marcará el límite de ambas partes. La línea horizontal B, que se apoya en la cabeza y en el primer doblez del ala mecánica, te ayudará a dibujar el ala en relación con la cabeza. Y la diagonal C, que conecta la punta del ala con la cola, señala la posición del ala con relación al cuerpo.

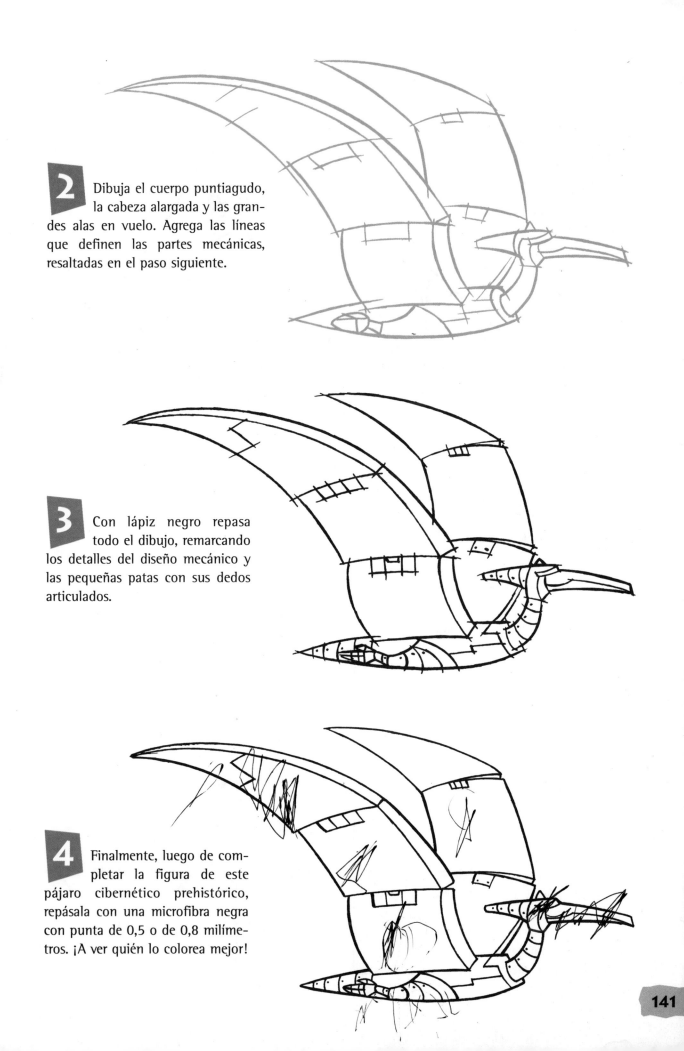

2 Dibuja el cuerpo puntiagudo, la cabeza alargada y las grandes alas en vuelo. Agrega las líneas que definen las partes mecánicas, resaltadas en el paso siguiente.

3 Con lápiz negro repasa todo el dibujo, remarcando los detalles del diseño mecánico y las pequeñas patas con sus dedos articulados.

4 Finalmente, luego de completar la figura de este pájaro cibernético prehistórico, repásala con una microfibra negra con punta de 0,5 o de 0,8 milímetros. ¡A ver quién lo colorea mejor!

TRICERATOPS-BOT

AQUÍ VA EL ÚLTIMO.
¡QUE LO DISFRUTES!

Ficha técnica:

Máquina *cíborg* de un Triceratops original, construida a partir de la genética y la electrónica. Un modelo muy útil para abrirse camino en una autopista muy congestionada, o para amedrentar a personas no gratas. Puede desplazarse rítmicamente sobre múltiples superficies, tanto rocosas como resbaladizas, ya que posee penetrantes garfios metálicos de agarre. ¡Ideal para hacer *trekking* y *camping*!

1 Comienza dibujando con lápiz celeste. Observa el óvalo amarillo para comprender las proporciones del cuerpo de este DinoRobot. La línea roja horizontal A te permitirá conformar el volumen corporal del animal, y la vertical B, que va desde la punta del cuerno hasta las patas, indica la posición del cuello. Las diagonales C y D, te dan la inclinación de la cabeza y la relación del cuerno delantero tanto con las patas como con el cuerno de la cresta. Las diagonales E y F indican la ubicación de la cola en relación con las patas traseras, el lomo y la cornamenta.

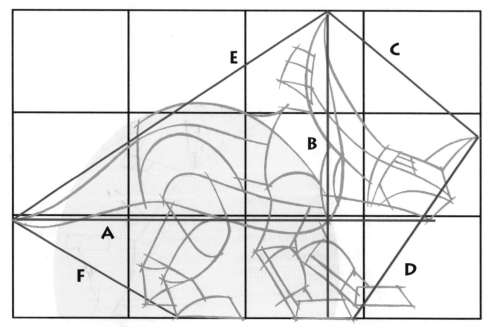

2 Dibuja todo el cuerpo mecánico, la cabeza con cuernos y las poderosas patas delanteras y traseras. Agrega las líneas que definen las partes mecánicas que serán resaltadas en el paso siguiente.

3 Con lápiz negro repasa el dibujo, remarcando la figura del dinosaurio cibernético. Termina los detalles del diseño mecánico en la cabeza, el cuerpo, las patas con sus garras y la cola articulada.

4 Finalmente, luego de completar el dibujo, puedes repasarlo con una microfibra de color negro con la punta que prefieras, de 0,5 o de 0,8 milímetros. Ahora sí, ¿quién se nos quiere poner adelante?

ÍNDICE

3 - INTRODUCCIÓN

6 - MATERIALES NECESARIOS

7 - **PRIMERA PARTE: EL ARTE DE DIBUJAR DINOSAURIOS**
8 - DINOSAURIOS EN EL ARTE Y LA LITERATURA
9 - **CAPÍTULO 1: EJERCICIOS DE DIBUJO**
14 - CÓMO CONSTRUIR UNA MESA DE TRANSPARENCIA
15 - TÉCNICAS DE DIBUJO
16 - **CAPÍTULO 2: DIBUJOS DE DINOSAURIOS A PARTIR DE FORMAS GEOMÉTRICAS**
21 - **CAPÍTULO 3: DINOSAURIOS DE AMÉRICA ANTIGUA**
22 - DINOMISTERIOS: EL MISTERIO DE LAS ESTATUILLAS DE ACAMBARO Y DE LAS PIEDRAS DE ICA
32 - **CAPÍTULO 4: CÓMO DIBUJAR CABEZAS DE DINOSAURIOS**
48 - DINOMISTERIOS: ¿DINOSAURIOS VIVOS HOY?

49 - **SEGUNDA PARTE: CUERPOS DE DINOSAURIOS Y ESCENARIOS PREHISTÓRICOS**
50 - **CAPÍTULO 5: EL ESQUELETO**
63 - DINOMISTERIOS: ¿PUDIERON LOS PTERODÁCTILOS CONTINUAR VIVOS HASTA NUESTROS DÍAS?
64 - DINOMISTERIOS: EVOLUCIONISTAS VERSUS CREACIONISTAS
65 - **CAPÍTULO 6: ESCENARIOS PREHISTÓRICOS**
65 - ESCENARIO 1: DINOSAURIOS EN ACCIÓN
68 - ESCENARIO 2: CACERÍA DE MAMUTS
84 - DINOMISTERIOS: ¿LOS DRAGONES ERAN DINOSAURIOS?

85 - **DINOGALERÍA: LOS ANIMALES MÁS FANTÁSTICOS DE LA PREHISTORIA**
86 - ACUÁTICOS
94 - ANFIBIOS
98 - TERRESTRES
124 - AÉREOS
130 - ERA CENOZOICA
136 - EDAD DE HIELO
140 - DINOROBOTS

Cómo dibujar Dinosaurios
Y otros personajes fabulosos de la prehistoria
© Fedhar

GERENCIA DE EDICIÓN Y ARTE: Diego F. Barros
EDITORA: Virginia Pisano
COORDINACIÓN DIVISIÓN ARTE: Marcela Rossi
DISEÑO: Javier Saboredo / Laura Pessagno
DIAGRAMACIÓN: Santiago Causa / Constanza Gibaut

Fedhar
Cómo dibujar dinosaurios – 1ª ed. – Buenos Aires:
Longseller, 2005.
144 pp.; 28 x 20 cm - (Juveniles)

ISBN 987-550-466-1

1. Dibujo-Animales I. Título
CDD 743.6

Longseller, 2005.
Casa matriz: Avda. San Juan 777 (C1147AAF) Buenos Aires - República Argentina
Internet: www.longseller.com.ar • E-mail: ventas@longseller.com.ar

Queda hecho el depósito que marca la ley 11.723.

Libro editado e impreso en la Argentina / Printed in Argentina

La fotocopia mata al libro y es un delito.

No se permite la reproducción parcial o total, el almacenamiento, el alquiler, la transmisión o la transformación de este libro, en cualquier forma o por cualquier medio, sea electrónico o mecánico, mediante fotocopias, digitalización u otros métodos, sin el permiso previo y escrito del editor. Su infracción está penada por las leyes 11.723 y 25.446.

Esta edición de 4.800 ejemplares se terminó de imprimir en la Planta Industrial de Longseller S.A., Buenos Aires, República Argentina, diciembre de 2005.